21世纪高职高专规划教材

酒店管理系列 / 总主编 沈建龙

U0682018

酒店服务礼仪

主　编　雷明化　陆宇荣

副主编　金琳琳　叶秀霜

Hotel Service Etiquette

中国人民大学出版社

·北京·

总 序

随着酒店管理成为全球十大热门行业之一，酒店管理人才面临全球性紧缺。一方面，酒店行业在全球与中国地区的发展速度、就业率已远远超过一些传统型行业；另一方面，我国 2 000 多所大中专院校旅游类专业毕业生每年仅 30 万人，而毕业生在酒店行业初次就业率仅为 20%～30%，稳定率为 10%～20%。这背后的原因，是不对口的人才输出及毕业生作为酒店员工短时间内难以适应酒店的企业文化。这就对高职高专院校酒店管理专业人才培养模式特别是课程体系构建和课程建设提出了更高的要求。

教材作为来自实践又能指导实践的理论概括，是提高人才培养质量的重要保证。基于这样的认识，中国人民大学出版社组织，浙江旅游职业学院牵头，联合全国多家高职高专院校酒店管理专业骨干教师，编写了这套"21 世纪高职高专规划教材·酒店管理系列"教材。

本套教材的主要特点有：

一是针对性。针对高职高专酒店管理专业学生培养目标和实际需要，强调理论联系实际，在理论上以必需、够用为度，在实践上着重培养学生的技术应用能力和创新能力。

二是实用性。在内容安排上结合酒店行业的各个服务环节和管理实际，具有很强的可操作性，而且内容翔实、要点突出。其中，《前厅服务与管理》、《客房服务与管理》、《餐饮服务与管理》、《酒吧服务与管理》这四本教材是根据酒店服务与流程编写的校企合作教材。

三是先进性。在编写过程中，我们吸收了大量的国内外酒店管理的先进经验，反映了酒店行业实践和研究的新成果，因此本套教材的内容具有较强的前瞻性。

由于时间和编者水平有限，本套教材在体系构建、体例设计、内容安排等方面肯定存在不足之处，恳请各位读者提出批评意见和改进建议，以期通过不断的修订进行完善和提升，使之成为高职高专院校酒店管理专业的精品教材。

沈建龙　教授

浙江旅游职业学院酒店管理系主任

2015 年 4 月

前言
PREFACE

    人生处处有礼仪。自从人类组成社会以来，人们在社会生活中总是要遵循一定的规范，其中约定俗成的交往应酬规范，后来变成一定的规则规章，演化成了礼仪。从伦理道德的角度来看，礼仪是为人处世行为规范的外在表现。从交际的角度来看，礼仪是体现人际关系的一种艺术、一门学问。随着经济和旅游业的蓬勃发展，国内外的交往日益频繁，无论在日常交往还是在酒店服务中，讲究礼仪既反映了个人的职业素养和酒店的服务质量，也体现了国家、地区或民族的文明、文化和风尚。

    本书主要为旅游类院校学生以及酒店服务与管理行业的专业人士学习礼仪规范而编写，主要具有以下几方面特色：

    1. 项目模块教学

    根据礼仪的内涵和逻辑结构，全书分为礼仪之源、形象塑造、语言艺术、社交礼仪、优质服务、涉外礼俗六大部分，知识体系编排科学、合理。

    2. 创新学习目标

    体现知识、技能、态度的三位一体，提倡学生在扎实掌握理论知识和职业技能外，能力素质相对提升，成为彬彬有礼、善于交往的职业人。

    3. 完善编写体例

    编写从学习目标入手，每一个模块均附有礼仪案例和相关拓展知识，集知识性、趣味性于一体。

    4. 注重实操训练

    每个项目后均设计了能力训练与思考，培养学生的自主研究能力和实际操作能力。

    本书由浙江旅游职业学院雷明化副教授与湖州职业技术学院陆宇荣老师共同担任主编。具体分工如下：雷明化编写项目一、项目六，浙江旅游职业学院叶秀霜副教授编写项目二，浙江旅游职业学院金琳琳老师编写项目三、项目四，陆宇荣编写项目五。

在编写过程中，我们参考了大量礼仪书籍、文献，在此向各位作者表示感谢。同时，由于编者水平有限，书中定有不少不足和疏漏之处，敬请各位专家、读者批评指正。

编者

2015 年 5 月

目 录
CONTENTS

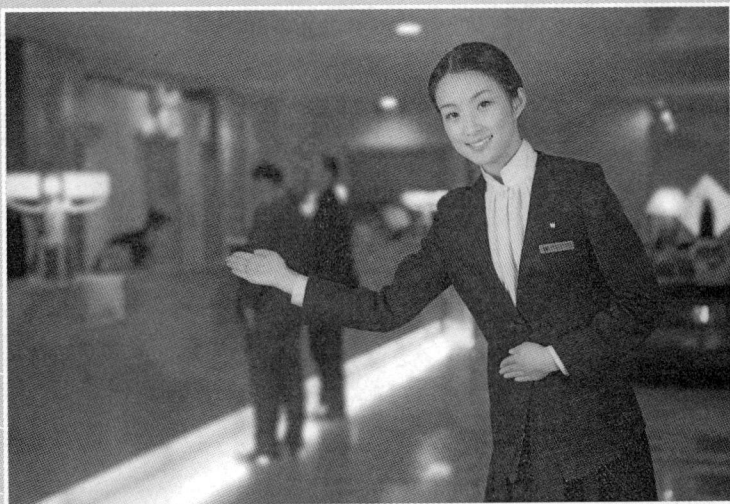

项目一 礼仪之源——一切从礼开始

■ 学习目标

知识目标

● 了解礼仪的相关概念；

● 掌握礼仪的起源与发展；

● 理解礼仪对酒店服务人员的重要意义。

素质与能力目标

● 强调学以致用，将礼仪规范与日常行为养成相结合。培养学生乐于
以礼待人，讲文明、讲礼貌的交往态度。

中华民族源远流长，在五千年悠久的历史长河中，不但创造了灿烂的文化，而且形成了中华民族的传统美德。礼仪，是中华民族传统美德宝库中的一颗璀璨明珠，是中国古代文化的精髓。

童稚时的孔融让梨，尊敬长辈传为美谈；岳飞问路，颇知礼节，才得以校场比武，横刀立马驰骋天下；"程门立雪"更是尊敬师长的典范：一个个鲜活的故事淋漓尽致地体现了中国人的礼仪美德之所在。荀子曰："人无礼则不生，事无礼则不成，国无礼则不宁。"孟子也说过："敬人者，人恒敬之，爱人者，人恒爱之。"对个人而言，礼仪是衡量道德水准、文化教养与交际能力的重要尺度。

模块一 礼仪的内涵

一、礼的相关概念与内涵

（一）礼

《辞海》对"礼"的解释是："本谓敬神，后引申为表示敬意的通称。""礼"的含义比较丰富，它既可指为表示尊重和敬意而隆重举行的仪式，也可泛指社会交往中的礼貌和礼节，是人们在长期的生活实践中约定俗成的行为规范。

人类学家还考证，"礼"字古时候通"履"字，意为鞋，鞋穿上了更好走路，但大了

不行，小了也不行，因此"礼"一定要适度，正所谓"礼贵从宜，事难泥古"。当然，随着社会的不断进步，"礼"的含义也不断延伸、拓展。尽管"礼"涵盖的内容非常广泛，却都是些很小的东西，大多是"小节"。但小节是品位，品位是招牌，为了树立好招牌，就不能"不拘小节"。

（二）礼貌

古人对礼貌的解释是："礼者，接之以礼也；貌者，颜色和顺，有乐贤之容。"就是说待人处事要文明有礼貌，言语动作要谦虚、恭敬。

礼貌是人与人之间在接触交往中相互表示敬重和友好的行为规范。它体现了时代的风貌与道德品质，体现了人们的文化层次和文明程度。礼貌是一个人在待人接物时的外在表现，它通过言谈、表情、姿态等表示对人的尊重。如使用"小姐"、"先生"等敬语，日常十字礼貌用语（您好、请、谢谢、对不起、再见），遇见人微笑、点头、欠身、鞠躬、握手等，都是礼貌的表现。

在人际交往中讲究礼貌，不仅有助于建立相互尊重和友好合作的关系，而且能缓解和避免某些不必要的冲突。对从事旅游接待工作的人来说，礼貌是衡量服务质量的重要标志。可见，礼貌不仅是现实生活中每个人的个性特征，而且是中华民族精神文明的具体体现。讲究礼貌是人类社会发展的客观要求，是人们正常地进行社会生产和社会生活的基本条件。

（三）礼节

礼节是人们在日常生活中，特别是在交际场合相互表示尊敬、致意、问候、祝愿、慰问、哀悼以及给予必要协助和照料时惯用的形式。礼节是礼貌在语言、行为、仪态等方面的具体表现形式，没有礼节就无所谓礼貌，而讲礼貌必然伴有具体的礼节。礼节的形式很多，如中国古代的作揖、跪拜，当今世界各国通行的点头、握手，南亚诸国的双手合十，欧美国家的拥抱、亲吻，少数国家和地区的吻手、吻脚、拍肚皮、碰鼻子等，都是礼节的表现形式。当代国际社会交往频繁，各开放国家的礼节有着互相融通的趋势。但各国、各民族的特点是客观存在的，都有自己的礼节和风俗，并且礼节和风俗也随着时代的进步而发展变化，因此在相互交往中，熟知并尊重各国、各民族的礼节和风俗是十分必要的。

（四）礼仪

从广义的角度来看，礼仪是一系列特定的礼节的集合。它既可以指在较大、较正规的场合隆重举行的各种仪式，也可以泛指人们在社交活动中的礼貌、礼节。如正式交往场对服饰、仪表、举止等方面的规范与要求，或者大型工程的奠基礼、展览会的开幕式、社交宴请以及迎接国宾的鸣放礼炮等，均属礼仪的范畴。

从狭义的角度来看，礼仪通常是指在较大、较隆重的正式场合，为表示敬意、尊重、重视等所举行的合乎社交规范和道德规范的仪式。语言、行为表情、服饰器物是构成礼仪最基本的三大要素。一般来说，任何重大典礼活动都需要同时具备这三大要素才能完成。

（五）礼、礼貌、礼节、礼仪之间的关系

礼是一种社会道德规范，是人们社会交际中的行为准则。礼貌、礼节、礼仪都属于礼的范畴：礼貌是表示尊重的言行规范，礼节是表示尊重的惯用形式和具体要求，礼仪是由一系列具体表示礼貌的礼节所构成的完整过程。礼貌、礼节、礼仪，三者尽管名称不同，但都是人们在相互交往中表示尊敬、友好的行为，其本质都是尊重人、关心人，三者相辅相成，密不可分。有礼貌而不懂礼节，往往容易失礼；熟谙礼节却流于形式，充其量只是客套。礼貌是礼仪的基础，礼节是礼仪的基本组成部分。礼是仪的本质，仪是礼的外在表现。礼仪在层次上要高于礼貌、礼节，其内涵更深、更广，它由一系列具体的礼貌、礼节所构成；礼节只是一种具体的做法，而礼仪则是一个表示礼貌的系统、一个完整的过程。

二、礼仪的特征

与其他学科相比，礼仪具有一些自身独具的特征。主要表现在规范性、限定性、可操作性、传承性、变动性五个方面。

（一）规范性

礼仪是指人们在交际场合待人接物时必须遵守的行为规范。这种行为规范不仅约束着人们在一切交际场合的言谈话语、行为举止，使之合乎礼仪，而且是人们在一切交际场合必须采用的"通用语言"，是衡量他人、判断自己是否自律、敬人的尺度。总之，礼仪是约定俗成的一种自尊、敬人的惯用形式。因此，任何人要想在交际场合表现得合乎礼仪、彬彬有礼，都必须无条件地遵守礼仪。自行一套或只遵守个人适应的部分，而不遵守自己不适应的部分，都难以为交往对象所接受、所理解。

（二）限定性

礼仪，顾名思义，主要适用于交际场合，适用于普通情况之下一般的人际交往与应酬。在这个特定范围之内，礼仪肯定行之有效，离开了这个特定的范围，礼仪则未必适用，这就是礼仪的限定性特点。理解了这一特点，就不会把礼仪当成放之四海而皆准的标准，就不会在非交际场合拿礼仪去以不变应万变。必须明确，当所处场合不同、所具有的身份不同时，所要应用的礼仪往往会因此而各不相同，有时甚至会有很大差异，这一点是不容忽视的。一般而言，适合应用礼仪的，主要是人际交往、商务和因公交往、涉外交往三种交际场合。

（三）可操作性

切实有效、实用可行、规则简明、易学易会、便于操作，是礼仪的特征。它不是纸上谈兵、空洞无物、不着边际、故弄玄虚、夸夸其谈，而是既有总体上的礼仪原则、礼仪规范，又在具体的细节上以一系列的方式、方法，仔细周详地对礼仪原则、礼仪规范加以贯彻，把它们落到实处，使人"言之有物"、"行之有礼"，不尚空谈。礼仪的易记易行，能够为其广觅知音，使其被人们广泛地运用于交际实践，并受到广大公众的认可。因此，礼仪以简便易行、容易操作为第一要旨。

（四）传承性

任何国家的礼仪都具有鲜明的民族特色，任何国家的当代礼仪都是在本国古代礼仪的基础上继承、发展而来的。离开了对本国、本民族既往礼仪成果的传承、扬弃，就不可能形成当代礼仪。这就是礼仪传承性的特定含义。作为人类的一种文明积累，礼仪将人们在交际应酬中的习惯做法固定下来并流传下去，逐渐形成自己的民族特色，这不是一种短暂的社会现象，也不会因为社会制度的更替而消失。对于既往的礼仪遗产，正确的态度不应当是食古不化、全盘沿用，而应当是有扬弃、有继承、有发展。

（五）变动性

从本质上讲，礼仪可以说是社会历史发展的产物，具有鲜明的时代特点。一方面，它是在人类长期的交际活动实践之中形成、发展、完善起来的，绝不可能凭空杜撰、一蹴而就，完全脱离特定的历史背景。另一方面，社会的发展、历史的进步以及由此引起的众多社交活动的新特点、新问题的出现，又要求礼仪有所变化、有所进步，推陈出新，与时代同步，以适应新形势下新的要求。与此同时，随着世界经济的国际化倾向日益明显，各个国家、各个地区、各个民族之间的交往日益密切，它们的礼仪随之也不断地相互影响、相互渗透、相互取长补短，不断地被赋予新的内容。这就使得礼仪具有相对的变动性。了解了这一点，就不会把礼仪看作一成不变的东西，而能够更好地以发展、变化的眼光去对待它；也不会对礼仪搞"教条主义"，使之一成不变，脱离生活、脱离时代。

礼仪故事

孟子休妻

　　战国时期的思想家、政治家和教育家孟子，是继孔子之后儒家学派的主要代表人物，被后世尊奉为仅次于孔子的"亚圣"。

　　有一次，孟子的妻子在房间里休息，因为是独自一个人，便无所顾忌地将双腿叉开坐着。这时，孟子推门进来，一看见妻子这样坐着，非常生气。原来，古人称这种双腿向前叉开坐为箕踞，箕踞向人是非常不礼貌的。孟子一声不吭地走出去，看到孟母便说："我要把妻子休回娘家去。"孟母问他："这是为什么？"孟子说："她既不懂礼貌，又没有仪态。"孟母又问："因为什么而认为她没礼貌呢？""她双腿叉开坐着，箕踞向人，"孟子回道，"所以要休她。""那你又是如何知道的呢？"孟母问。孟子便把刚才的一幕说给孟母听，孟母听完后说："那么没礼貌的人应该是你，而不是你妻子。难道你忘了《礼记》上是怎么教的？进屋前，要先问一下里面是谁；上厅堂时，要高声说话；为避免看见别人的隐私，进房后，眼睛应向下看。你想想，卧室是休息的地方，你不出声、不低头就闯了进去，已经先失了礼，怎么能责备别人没礼貌呢？没礼貌的人是你自己呀！"一席话说得孟子心服口服，再也不提休妻的事了。

模块二　礼仪的起源

一、中国礼仪的起源

　　关于礼的起源说法不一，归纳起来有五种：一是天神生礼仪；二是礼为天、地、人的统一体；三是礼产生于人的自然本性；四是礼为人性和环境矛盾的产物；五是礼生于理，起源于俗。

　　（一）从理论上说，礼的产生是人类协调主客观矛盾的需要

　　首先，礼的产生是为了维护自然的"人伦秩序"的需要。人类为了生存和发展，必

须与大自然抗争，不得不以群居的形式相互依存，人类的群居性使得人与人之间既相互依赖又相互制约。在群体生活中，男女有别，老少有异，既是一种自然的"人伦秩序"，又是一种需要被所有成员共同认定、保证和维护的社会秩序。人类面临的内部关系必须妥善处理，因此，人类逐渐积累和自然约定出一系列"人伦秩序"，这就是最初的礼。

其次，礼起源于人类寻求满足自身欲望与实现欲望的条件之间动态平衡的需要。对欲望的追求是人的本能，在追寻实现欲望的过程中，人与人之间难免会发生矛盾和冲突，为了避免这些矛盾和冲突，就需要为"止欲制乱"而制礼。

（二）从具体的仪式上看，礼产生于原始宗教的祭祀活动

原始宗教的祭祀活动是最早也是最简单的以祭天、敬神为主要内容的"礼"。这些祭祀活动在历史发展中逐渐完善了相应的规范和制度，正式成为祭祀礼仪。随着人类对自然与社会各种关系认识的逐渐深入，仅以祭祀天地、鬼神、祖先为礼，已经不能满足人类日益发展的精神需要和调节日益复杂的现实关系。于是，人们将事神致福活动中的一系列行为，从内容和形式扩展到各种人际交往活动，从最初的祭祀之礼扩展到社会各个领域的各种各样的礼仪。

二、中国礼仪的发展

中国自古就以礼仪之邦著称于世，其漫长的礼仪发展史大致可以分为 8 个时期，即礼仪的萌芽时期、礼仪的草创时期、礼仪的形成时期、礼仪的发展和变革时期、礼仪的强化时期、礼仪的衰落时期、现代礼仪时期和当代礼仪时期。礼仪的形成和发展，经历了一个从无到有、从低级到高级、从零散到完整的渐进过程。

（一）礼仪的萌芽时期（前 5 万年—前 1 万年）

礼仪起源于原始社会时期，在长达 100 多万年的原始社会历史中，人类逐渐开化。在原始社会中晚期（约旧石器时期）出现了早期礼仪的萌芽。例如，生活在距今约 1.8 万年前的北京周口店山顶洞人，就已经知道打扮自己。他们用穿孔的兽齿、石珠作为装饰品，挂在脖子上。而他们在去世的族人身旁撒放赤铁矿粉，举行原始宗教仪式，是迄今为止在中国发现的最早的葬仪。

（二）礼仪的草创时期（前 1 万年—前 22 世纪末）

公元前 1 万年左右，人类进入新石器时期，不仅能制作精细的磨光石器，并且开始从事农耕和畜牧。在之后数千年岁月里，原始礼仪粗具雏形。例如，在今西安附近的半坡遗址中，发现了生活距今五六千年前的半坡村人的公共墓地。墓地中坑位排列有序，死者的身份有所区别，有带殉葬品的仰身葬，还有无殉葬品的俯身葬等。此外，仰韶文化时期的其他遗址及有关资料表明，当时人们已经注意尊卑有序、男女有别，而长辈坐上席、晚辈坐下席，男子坐左边、女子坐右边等礼仪日趋明确。

（三）礼仪的形成时期（前 21 世纪初—前 771 年）

前 21 世纪初至前 771 年，中国由金石并用时代进入青铜时代。金属器的使用，使农业、畜牧业、手工业生产跃上一个新台阶。随着生活水平的提高，社会财富除消费外有了剩余并逐渐集中在少数人手里，因而出现阶级对立，原始社会由此解体。

约前 2070—前 1600 年的夏代，中国开始从原始社会末期向早期奴隶社会过渡，在此期间，尊神活动升温。

在原始社会，由于缺乏科学知识，人们不理解一些自然现象。他们猜想，照耀大地的太阳是神，风有风神，河有河神……因此，他们敬畏"天神"，祭祀"天神"。从某种意义上说，早期礼仪包含原始社会人类生活的若干准则，又是原始社会宗教信仰的产物。"礼"的繁体字"禮"，左边代表神，右边代表向神进贡的祭物。因此，汉代学者许慎说："礼，履也，所以事神致福也。"

以殷墟为中心展开活动的殷人，在前 1600—前 1046 年活跃在华夏大地。他们建造了中国第一个古都——地处现河南安阳的殷都。而他们在婚礼习俗上的建树，则被其尊神信鬼的狂热所掩盖。

殷王朝及取而代之的周朝，对礼仪建树颇多。特别是周武王的弟弟、辅佐周成王的周公，对周代礼制的确立起了重要作用。他制作礼乐，将人们的行为举止、心理情操等统统纳入一个尊卑有序的模式之中。全面介绍周朝制度的《周礼》，是中国流传至今的第一部礼仪专著。《周礼》又名《周官》，本为官职表，后经整理，成为讲述周朝典章制度的书。《周礼》原有六篇，详介六类官名及其职权，现存五篇，第六篇用《考工记》弥补。六官分别称为天官、地官、春官、夏官、秋官、冬官。其中，天官主管宫事、财货等，地官主管教育、市政等，春官主管五礼、乐舞等，夏官主管军旅、边防等，秋官主管刑法、外交等，冬官主管土木、建筑等。

春官主管的五礼即吉礼、凶礼、宾礼、军礼、嘉礼，是周朝礼仪制度的重要方面。吉礼，指祭祀的典礼；凶礼，主要指丧葬礼仪；宾礼，指诸侯对天子的朝觐及诸侯之间的会盟等礼节；军礼，主要包括阅兵、出师等仪式；嘉礼，包括冠礼、婚礼、乡饮酒礼等。由此可见，许多基本礼仪在商末周初已基本形成。此外，成书于商周之际的《易经》和在周代大体定型的《诗经》，也有一些涉及礼仪的内容。

在西周，青铜礼器是个人身份的象征。礼器的多寡代表身份地位高低，形制的大小显示权力等级。当时，贵族佩戴成组饰玉成为风气，而相见礼和婚礼（包括纳采、问名、纳吉、纳征、请期、亲迎"六礼"）成为定制，流行民间。此外，尊老爱幼等礼仪也已明显确立。

（四）礼仪的发展和变革时期（前770—前221）

西周末期，王室衰微，诸侯纷起争霸。前770年，周平王东迁洛邑，史称东周。承继西周的东周王朝已无力全面恪守传统礼制，出现了所谓"礼崩乐坏"的局面。

春秋战国时期是中国的奴隶社会向封建社会转型的时期。在此期间，相继涌现出孔子、孟子、荀子等思想巨人，发展和革新了礼仪理论。

孔子（前551—前479）是中国古代大思想家、大教育家，他首开私人讲学之风，打破贵族垄断教育的局面。他删《诗》、《书》，定《礼》、《乐》，赞《周易》，修《春秋》，为历史文化的整理和保存作出了重要贡献。他编订的《仪礼》详细记录了战国以前贵族生活的各种礼节仪式。《仪礼》与前述《周礼》和孔门后学编的《礼记》，合称"三礼"，是中国古代最重要的礼仪著作。

孔子认为："不学礼，无以立。"（《论语·季氏》）"质胜文则野，文胜质则史。文质彬彬，然后君子。"（《论语·雍也》）他要求人们用道德规范约束自己的行为，做到"非礼勿视，非礼勿听，非礼勿言，非礼勿动"（《论语·颜渊》）。他倡导的"仁者爱人"，强调人与人之间要有同情心，要互相关心、彼此尊重。总之，孔子较系统地阐述了礼及礼仪的本质与功能，把礼仪理论提升到一个新的高度。

孟子（约前372—前289）是战国时期儒家的主要代表人物。在政治思想上，孟子把孔子的"仁学"思想加以发展，提出了"王道"、"仁政"的学说和民贵君轻说，主张"以德服人"。在道德修养方面，他主张"舍生而取义"（《孟子·告子上》），讲究"修身"和培养"浩然之气"等。

荀子（约前313—前238）是战国末期的大思想家。他主张"隆礼"、"重法"，提倡礼法并重。他说："礼者，贵贱有等，长幼有差，贫富轻重皆有称者也。"（《荀子·富国》）荀子指出："礼之于正国家也，如权衡之于轻重也，如绳墨之于曲直也。故人无礼不生，事无礼不成，国家无礼不宁。"（《荀子·大略》）荀子还提出，不仅要有礼治，还要有法治，只有尊崇礼，法制完备，国家才能安宁。荀子重视客观环境对人性的影响，倡导学而至善。

（五）礼仪的强化时期（前221—公元1796）

前221年，秦王嬴政最终吞并六国，统一中国，建立起中国历史上第一个中央集权的封建王朝，在全国推行"书同文、车同轨、行同伦"。秦朝制定的集权制度成为后来延续两千余年的封建体制的基础。

西汉初期，叔孙通协助汉高帝刘邦制定了朝礼之仪，突出发展了礼的仪式和礼节。而西汉思想家董仲舒把封建专制制度的理论系统化，提出"唯天子受命于天，天下受命于天子"的"天人感应"之说。他把儒家礼仪具体概况为"三纲五常"。"三纲"即"君为臣纲，父为子纲，夫为妻纲"，"五常"即仁、义、礼、智、信。汉武帝刘彻采纳董仲舒"罢黜百家，独尊儒术"的建议，使儒家礼教成为定制。

汉代时，孔门后学编撰的《礼记》问世。《礼记》共计 49 篇，包罗宏富。其中，有讲述古代风俗的《曲礼》（第 1 篇）；有谈论古代饮食居住进化概况的《礼运》（第 9 篇）；有记录家庭礼仪的《内则》（第 12 篇）；有记载服饰制度的《玉藻》（第 13 篇）；有论述师生关系的《学记》（第 18 篇）；还有教导人们道德修养的途径和方法，即"修身、齐家、治国、平天下"的《大学》（第 42 篇）。总之，《礼记》堪称集上古礼仪之大成，上承奴隶社会、下启封建社会的礼仪汇集，是封建时代礼仪的主要源泉。

盛唐时期，《礼记》由"记"上升为"经"，成为礼经三书之一（另外两本为《周礼》和《仪礼》）。

宋代时，出现了以儒家思想为基础，兼容道学、佛学思想的理学，程颢、程颐兄弟和朱熹为其主要代表。二程认为，"父子君臣，天下之定理，无所逃于天地之间"，"礼即是理也"。朱熹进一步指出，"仁莫大于父子，义莫大于君臣，是谓三纲之要，五常之本。人伦天理之至，无所逃于天地间"。朱熹的论述使二程的"天理"说更加严密、精致。

家庭礼仪研究硕果累累，是宋代礼仪发展的另一个特点。在大量家庭礼仪著作中，以撰《资治通鉴》而名垂青史的北宋史学家司马光的《涑水家仪》和以《四书集注》名扬天下的南宋理学家朱熹的《朱子家礼》最著名。

明代时，交友之礼更加完善，而忠、孝、节、义等礼仪日趋繁多。

（六）礼仪的衰落时期（1796—1911）

清军入关后，逐渐接受了汉族的礼制，并且使其复杂化，导致一些礼仪显得虚浮、烦琐。例如清代的品官相见礼，当品级低者向品级高者行拜礼时，动辄一跪三叩，重则三跪九叩。清代后期，清王朝政权腐败，民不聊生，古代礼仪盛极而衰。而伴随着西学东渐，一些西方礼仪传入中国，例如北洋新军时期的陆军便采用西方军队的举手礼，以代替不合时宜的打千礼。

（七）现代礼仪时期（1911—1949）

1911 年末，清王朝土崩瓦解，当时远在美国的孙中山先生火速赶回祖国，于 1912 年 1 月 1 日在南京就任中华民国临时大总统。孙中山先生和战友们破旧立新，用民权代替君权，用自由、平等取代宗法等级制；普及教育，废除祭孔读经；改易陋俗，剪辫子、禁缠足等，从而正式拉开了现代礼仪的帷幕。

民国期间，由西方传入中国的握手礼开始流行于上层社会，后逐渐在民间普及。

20 世纪三四十年代，中国共产党领导的苏区、解放区，重视文化教育事业及移风易俗，进而谱写了现代礼仪的新篇章。

（八）当代礼仪时期（1949 年至今）

1949 年 10 月 1 日，中华人民共和国宣告成立，中国的礼仪建设从此进入一个崭新的历史时期。新中国成立以来，礼仪的发展大致可以分为以下三个阶段。

1. 礼仪革新阶段（1949—1966）

1949—1966 年，是中国当代礼仪发展史上的革新阶段。此间，摒弃了昔日束缚人们的"神权天命"、"愚忠愚孝"以及严重束缚妇女的"三从四德"等封建礼教，确立了同志式的合作互助关系和男女平等的新型社会关系，而尊老爱幼、讲究信义、以诚待人、先人后己、礼尚往来等中华民族传统礼仪中的精华，则得到继承和发扬。

2. 礼仪退化阶段（1966—1976）

1966—1976 年，中国进行了"文化大革命"。十年动乱使国家遭受了难以弥补的严重损失，也给礼仪带来一场"浩劫"。许多优良的传统礼仪被当作"封资修"货色扫进垃圾堆。礼仪受到摧残，社会风气逆转。

3. 礼仪复兴阶段（1977 年至今）

1978 年党的十一届三中全会以来，改革开放的春风吹遍了祖国大地，中国的礼仪建设进入新的全面复兴时期。从推行文明礼貌用语到积极树立行业新风，从开展"18 岁成人仪式教育活动"到制定市民文明公约，各行各业的礼仪规范纷纷出台，岗位培训、礼仪教育日趋红火，讲文明、重礼貌蔚然成风。《公共关系报》、《现代交际》等一批涉及礼仪的报刊应运而生，《中国应用礼仪大全》、《称谓大辞典》、《外国习俗与礼仪》等介绍、研究礼仪的图书、辞典、教材接连问世。广阔的华夏大地上再度兴起礼仪文化热，具有优良文化传统的中华民族又掀起了精神文明建设的新高潮。

三、西方礼仪的起源

在西方，礼仪一词最早见于法语的 etiquette，原意为"法庭上的通行证"。但它一进入英文后，就有了礼仪的含义，意即"人际交往的通行证"。西方的文明史，同样在很大程度上表现为人类对礼仪的追求及其演进的历史。人类为了维持与发展血缘亲情以外的各种人际关系，避免"格斗"或"战争"，逐渐形成了各种与"格斗"、"战争"有关的动态礼仪。例如：为了表示自己手里没有武器，让对方感觉到自己没有恶意而创造了举手礼，后来演进为握手礼；为了表示自己的友好与尊重，愿在对方面前"丢盔卸甲"，于是创造了脱帽礼。在古希腊的文献典籍，如苏格拉底、柏拉图、亚里士多德等先哲的著述中，都有很多关于礼仪的论述。中世纪更是礼仪发展的鼎盛时代。文艺复兴以后，欧美的礼仪有了新的发展，从上层社会对遵循礼节的烦琐要求到20世纪中期对优美举止的赞赏，一直到适应社会平等关系的比较简单的礼仪规则。

（一）萌芽期

爱琴海地区是亚欧大陆西方古典文明的发源地。约自公元前6000年起，爱琴海诸岛居民开始从事农业生产。此后，相继产生了克里特文化和迈锡尼文化。公元前11世纪，古希腊进入因《荷马史诗》而得名的"荷马时代"。《荷马史诗》包括《伊利亚特》和《奥德赛》两部分。这部著名的叙事诗主要描写特洛伊战争和希腊英雄奥德赛的故事，其中也有关于礼仪的论述，如讲礼貌、守信用的人才受人尊重。

古希腊哲学家对礼仪有许多精彩的论述。例如：毕达哥拉斯率先提出了"美德即是一种和谐与秩序"的观点；苏格拉底认为，哲学的任务不在于谈天说地，而在于认识人的内心世界、培植人的道德观念，他不仅教导人们要待人以礼，而且在生活中要身体力行、为人师表；柏拉图强调教育的重要性，指出了理想的四大道德目标——智慧、勇敢、节制、公正；亚里士多德指出，德行就是公正，他在《政治学》中说，"人类由于志趣善良而有所成就，成为最优良的动物，如果不讲礼法、违背正义，他就堕落为最恶劣的动物"。

1世纪末至5世纪，是罗马帝国统治西欧时期。此间，教育理论家昆体良撰写了《雄辩术原理》一书。书中论及罗马帝国的教育情况，认为一个人的道德、礼仪教育应从幼儿时期开始。而诗人奥维德通过诗作《爱的艺术》，告诫青年朋友不要贪杯，用餐不可狼吞虎咽。

（二）发展期

476年，西罗马帝国灭亡，欧洲开始封建化进程。12—17世纪，是欧洲封建社会鼎盛时期。中世纪欧洲形成的封建等级制，以土地关系为纽带，将封建主与附庸联系在一起。此间制定了严格而烦琐的贵族礼仪、宫廷礼仪等。例如，于12世纪写定的冰岛诗集《埃达》，就详尽地叙述了当时用餐的规矩，嘉宾贵客居上座、举杯祝酒有讲究。

14—16世纪，欧洲进入文艺复兴时期。该时期出版的涉及礼仪的名著有：意大利作家加斯梯良编著的《朝臣》，论述了从政的成功之道和礼仪规范及其重要性；尼德兰人文主义学者伊拉斯谟撰写的《礼貌》，论述了个人礼仪和进餐礼仪等，提醒人们讲究道德、清洁卫生和外表美。英国哲学家弗朗西斯·培根指出："一个人若有好的仪容，那对他的名声大有裨益，并且，正如女王伊莎伯拉所说，那就'好像一封永久的推荐书一样'。"

（三）成熟期

17、18世纪是欧洲资产阶级革命浪潮兴起的时代，尼德兰革命、英国革命和法国大革命相继爆发。随着资本主义制度在欧洲的确立和发展，资本主义社会的礼仪逐渐取代封建社会的礼仪。资本主义社会奉行"人生而自由、平等"的原则，但由于社会各阶层经济上、政治上、法律上的不平等，因此未能做到真正的自由、平等。不过，资本主义时代也出现了大量礼仪著作，例如：捷克资产阶级教育家夸美纽斯编撰了《青年行为守则》；英国资产阶级教育思想家约翰·洛克于1693年出版了《教育漫话》，系统、深入地论述了礼仪的地位、作用以及礼仪教育的意义和方法；德国学者缅南杰斯的礼仪专著《论接待权贵和女士的礼仪兼论女士如何对男士保持雍容态度》，于1716年在汉堡问世。英国政治家切斯特·菲尔德勋爵在其著名教子书《一生的忠告》中指出："世间最低微、最贫穷的人都期待从一个绅士身上看到良好的教养，他们有此权利，因为他们在本性上是和你相等的，并不因为教育和财富的缘故而比你低劣。同他们说话时，要非常谦虚、温和，否则，他们会以为你骄傲，而憎恨你。"

现代西方学者也编撰、出版了不少礼仪书籍，其中比较著名的有：法国学者让-赛尔著的《西方礼节与习俗》，英国学者埃尔西·伯奇·唐纳德编的《现代西方礼仪》，德国作家卡尔·斯莫卡尔著的《请注意您的风度》，美国礼仪专家伊丽莎白·波斯特编的《西方礼仪集萃》以及美国教育家卡内基编撰的"成功之路丛书"等。

拓展知识

有关礼仪的典籍描述

《释名》曰："礼，体也。言得事之体也。"

《庄子》曰："三王、五帝之礼义法度，其犹楂梨橘柚，虽其味相反，而皆可于口也。"

《太公六韬》曰："礼者，天理之粉泽。"

《论语》曰："不学礼，无以立。"

《诗经》曰："相鼠有体，人而无礼；人而无礼，胡不遄死?"

《礼记·乐记》曰："簠簋俎豆，制度文章，礼之器也。升降上下，周还裼袭，礼之文也。"

《礼记·促尼燕居》曰："礼者何也? 即事之治也。君子有其事，必有其治。治国而无礼，譬犹瞽之无相与? 伥伥乎其何之? 譬如终夜有求于幽室之中，非烛何见? 若无礼则手足无所错，耳目无所加，进退揖让无所制。"

《礼记·曲礼上》曰:"道德仁义,非礼不成,教训正俗,非礼不备。分争辩讼,非礼不决。君臣上下父子兄弟,非礼不定。宦学事师,非礼不亲。班朝治军,莅官行法,非礼威严不行。祷祠祭祀,供给鬼神,非礼不诚不庄。是以君子恭敬撙节退让以明礼。鹦鹉能言,不离飞鸟;猩猩能言,不离禽兽。今人而无礼,虽能言,不亦禽兽之心乎?"

《礼记·礼运》曰:"故礼之于人也,犹酒之有糵也。君子以厚,小人以薄。"

《礼记·礼器》曰:"君子之行礼也,不可不慎也,众之纪也,纪散而众乱。"

《礼记·经解》曰:"夫礼,禁乱之所由生,犹坊止水之自来也。故以旧坊为无所用而坏之者,必有水败;以旧礼而无所用而去之者,必有乱患。"

《春秋说题辞》曰:"礼者,体也。人情有哀乐,五行有兴灭,故立乡饮之礼,终始之哀,婚姻之宜,朝聘之表,尊卑有序,上下有体。王者行礼得天中和,礼得,则天下咸得厥宜。阴阳滋液万物,调四时,和动静,常用,不可须臾惰也。"

模块三	礼仪与酒店

一、酒店服务礼仪的功能

随着社会经济的日益发展,人们与酒店的关系越来越密切,酒店的服务对象也因此更加广泛。礼仪贯穿于酒店服务工作的始终,是酒店文化的重要部分,是酒店服务质量、态度的直接表现,关系到一个酒店的形象。服务礼仪对改变员工服务形象、提高员工的服务水平有积极的作用,也会为酒店赢得良好的经济效益和社会效益。酒店服务礼仪的功能具体表现在以下几个方面:

(一)酒店服务礼仪是做好接待工作的先决条件

随着我国对外开放的进一步扩大,国际交往日趋频繁,外贸、旅游事业迅猛发展,来华访问、经商、旅游、文化交流的外宾和回国观光、探亲的华侨和港澳台同胞越来越多。处事适宜、待人以礼是当代人的应有风范,也是我国的优良传统。旅游服务接待工作是面向世界的工作,旅游服务的直接目的是最大限度地满足不同宾客的正当需求。为此,就必须了解各国的国情和民俗,懂得宾客的生活方式、饮食习惯以及爱好和忌讳,以便采取正确的服务方式,使他们乘兴而来、满意而归。

（二）酒店服务礼仪是社会主义精神文明建设的需要

我国正大力推进社会主义核心价值观，加强公民道德建设。讲究礼仪是文明的行为，而文明行为是人类历史发展的产物和需要，它反映了人类的发展和进步，标志着人类生活摆脱了野蛮和愚昧。礼仪反映了社会的文明程度和公民的精神风貌。当前，它对加强国际交往、增进我国人民与各国人民的友谊，具有十分重要的现实意义和深远的历史意义。旅游业是展现一个社会文明礼貌程度的重要窗口，在礼宾服务的过程中，服务人员的礼貌礼仪素养既代表着企业的形象、行业的作风，也代表着民族的文明程度和国家的精神风貌。酒店服务人员自觉运用服务礼仪，将有助于净化社会风气，提升个人乃至全社会的精神品位。

（三）酒店服务礼仪是提高服务质量的重要保证

酒店服务质量，是利用设施、设备和产品所提供的服务，在使用价值方面迎合和满足宾客需要的物质和心理满足程度。酒店服务质量主要表现在宾客享受服务后的物质和心理满足程度。它包括两个方面：一是物质上（即有形产品或硬件）的满足程度，它主要通过设施、设备和实物产品表现出来，如设施、设备的完好度、舒适度，饮食的品质度，用品的适用度等；二是心理上（即无形产品或软件）的满意程度，它主要通过服务态度、服务方式、服务技巧等直接劳动方式表现出来，是旅游接待服务质量最终的满意程度。两者相互依存，互为条件。对高星级酒店来说，仅有一流的硬件是远远不够的，还要加强酒店的软件形象建设，注重礼仪已经成为提高接待服务质量和酒店竞争力的重要手段。

（四）酒店服务礼仪是人际关系的润滑剂

随着社会的发展，人与人之间的接触交往日趋频繁，竞争日趋激烈。人际交往的过程是人与人彼此观察和了解的过程，而这种观察和了解一般都是从对方的礼仪素养开始的。从心理学的角度讲，人们在交往之初难免会彼此产生某种戒备心理或距离感。如果交往双方都能以礼相待，则可以消除心理隔阂，拉近彼此间的距离。每个人都有获得他人尊重的心理需求，在交往中注重礼仪、相互尊重，可以增加对方的好感，使交往得以顺利进行。此外，在现代社会里，人际关系日益复杂，由于利益的冲突，人际交往中不可避免地会出现一些矛盾和纷争。如果双方能发扬"礼让"的精神，相互谦让以平息事态，即使是原则性问题，也能以理服人、以情感人，就能化解矛盾、增进友谊。所以，讲究礼仪是营造酒店和谐有序的内外部环境的需要，是人际交往的润滑剂。在彬彬有礼的服务中，宾客得到了满足，酒店也赢得了宾客。

（五）酒店服务礼仪是提高酒店经济效益的要求

宾客是酒店的财源，是酒店赖以生存和发展的基础。以质取胜、创造客源，是酒店的成功之路。酒店业的经营特点决定了在同样的物质条件下，酒店的经济效益由宾客数量来决定，因此，怎样才能吸引更多的宾客上门是酒店十分关心的问题。每位员工的言谈举止都会折射出酒店形象，其素质、形象、仪表、举止、言行直接影响宾客的决策，决定宾客是否消费、消费之后是否还会再来或者介绍新的宾客过来消费。从某种意义上说，在现代市场经济中，礼貌礼仪作为现代文明素质的重要组成部分和外在表现，正在创造价值和利润。

二、酒店服务人员礼仪修养的途径

社会对酒店服务人员的素质要求越来越高，从标准服务到细微服务，从大众化服务到个性化服务，从传统服务到创新服务，所有这一切都是以服务人员的高素质为基础的。酒店服务人员在服务过程中运用语言和基本礼仪的能力及技巧、素养的高低，对酒店的发展有至关重要的影响和意义。酒店服务人员要从知识积累、社交实践等方面出发，不断提升自身礼仪修养，成为高素质的现代酒店人。

（一）自觉接受和学习礼仪教育，从思想上提高礼仪修养水平

在人际交往中，礼仪不仅反映一个人的交际技巧和能力，更反映一个人的气质、风度和教养。通过学习礼仪，可以提高自身的道德修养和文明程度，更好地显示自身的优雅风度和良好形象。一个彬彬有礼、言谈有致的人，他的人生道路上将是春风拂面，受到人们的尊重和赞扬，而且他自己就是一片春光，会给别人、给社会带来温暖和欢乐。人的自觉性不是先天就有的，而是要依靠指点，依靠不断的培养，依靠社会健康的舆论导向和良好的环境习染。礼仪教育和培训是使礼仪修养充实、完美的先决条件。通过礼仪教育和培训，可以使人们分清是非、明辨美丑、懂得常识、树立标准，使人们礼仪行为的形成有了外因条件，为进一步的自我修养——内因创造了条件。曾子曰"吾日三省吾身"，说明提高个人修养必须注意反躬自省。同样，学习礼仪也应处处时时注意自我检查，这有助于发现缺点、找出不足，不断总结技巧，自我提高。

（二）广泛阅读艺术作品，学习科学文化知识

开卷有益，通过知识的不断学习，加强文化艺术方面的修养，对提高礼仪素质大有裨益。而文化艺术修养的提高可以大大丰富礼仪修养的内涵，提升人的礼仪品位，并使其礼仪水平不断提高。一般来说，讲文明、懂礼貌、有教养的人大多是科学文化知识丰富的人。这种人逻辑思维能力强，考虑问题周密，分析事物较为透彻，处理事件较为得当，在人际交往中能显示出独有的魅力而不显得呆板。我国素有"礼仪之邦"之称，古代、近代、现代的典籍载有浩繁的有关礼仪的知识，世界各国的礼仪风俗千差万别，酒

店员工要注意搜集、整理、学习和领会，以便在工作中运用，久而久之，就能将自己的礼仪修养提升到新的高度。

（三）积极参加社交实践活动，逐渐提高礼仪修养

现代社会，人际交往越来越广泛，仅从理论上弄清礼仪的含义和内容，而不在实践中运用是远远不够的，礼仪修养的关键在于实践。修养修养，既要修炼又要培养，离开实践，修养就成为无源之水、无本之木。在培养礼仪修养时，要以主动、积极的态度，坚持理论联系实际，将自己学到的礼貌礼节知识积极地应用于社会生活实践的各个方面，要在企业、家庭、社会等场合中，时时处处自觉地从大处着眼、小处着手，以礼仪的准则来规范自己的言谈举止，如不随地吐痰、不乱扔纸屑、不在宿舍酗酒、不在深夜大声喧哗或放音乐，在购物付款、银行存款或候车排队时遵守公共秩序。这样持之以恒，就会逐渐增强文明意识，培养礼貌行为，涤荡粗俗不雅等不良习惯，成为一个有礼仪修养的人。多实践，就不要怕出洋相，通过各种人际交往的接触强化，不断锻炼提高。要注意既要克服妄自尊大、不屑一顾的顽症，也要克服自卑自怯、不敢涉足的通病。其实，酒店服务人员只要努力去尝试，即使做得不够完美，宾客也会被其真诚所感动。

拓展知识

酒店服务礼仪礼貌自检

1. 你每天到岗前照镜子了吗？

2. 你每天到岗前化淡妆了吗？

3. 你注意修剪指甲了吗？

4. 你的头发梳理整齐了吗？

5. 你的制服有破损、开线的地方吗？

6. 你的制服清洁、挺括吗？

7. 你的衬衫领子和袖口干净吗？

8. 你的扣子齐全吗？

9. 你按规定系领带、领结、领花了吗？

10. 你按规定佩戴名牌了吗？

11. 你穿的鞋子、袜子干净吗？

12. 你有时穿着跳丝的袜子上班吗？

13. 你接待宾客时微笑吗？

14. 你主动问候宾客吗？

15. 你经常说"请"、"您好"、"谢谢"吗？

16. 你经常说"请问我能为您做些什么"吗？

17. 你主动与同事打招呼吗？

18. 当宾客提问，你不懂时是说"不知道"吗？

19. 你经常说"对不起"吗？

20. 当班期间你的走姿正确且轻快吗？

21. 你能记住经常来店宾客的名字并直接称呼"某某先生（小姐）"吗？

22. 繁忙的时候，你会对宾客不耐烦吗？

23. 遇到暴躁的宾客你会争执或不理吗？

24. 当班期间你的站姿（坐姿）端正吗？

25. 当班期间你有时会和你的伙伴一起闲谈吗？

26. 你有在宾客面前打呵欠、伸懒腰吗？

27. 当你走来走去时，你留心宾客在注视着你吗？

28. 当班期间你会注意你服务的宾客吗？

29. 你会漫不经心地对待宾客吗？

30. 在你情绪不佳的时候，你会以良好的态度对待宾客吗？

31. 你会长时间和熟客闲谈吗？

32. 你时常注意你的工作环境的安全吗？

33. 无论在营业场所的何地，见到地面上有纸片、烟头、死昆虫等，你会把它们拾起来扔进垃圾桶吗？

34. 遇到宾客时，你会停下手头工作让道并问好吗？

▶ **能力训练与思考**

1. 小论文：谈谈你对"人无礼不生，事无礼不成，国家无礼不宁"这句话的认识。
要求：结合所学知识和日常生活案例谈谈真实的体会，不少于 800 字。

2. 简述礼仪的起源与演变过程。

3. 酒店服务人员应具备哪些礼仪修养？

项目二 形象塑造——迷人优雅的仪表仪态

学习目标

知识目标

● 了解职业形象的构成要素及相关的概念；

● 掌握仪容、仪表、仪态的礼仪规范要求；

● 理解职业形象塑造对酒店服务人员的重要意义。

素质与能力目标

● 强调学以致用，将仪容修饰、着装打扮、仪态养成等基本方法和技巧与日常行为进行有机结合。具有一定的职业形象塑造技能，能根据工作岗位的职业要求塑造职业形象。

　　形象是指在社交活动中，参与交往的各方相互在对方心目中的整体评价和基本印象。在酒店服务中，服务人员的个人形象往往成为其服务对象的直接评判内容。尤其是在双方初次接触时，宾客往往通过服务人员的形象来判断其性格、能力等方面的特质，同时通过服务人员的个人形象初步判断酒店的服务与管理水平。良好的职业形象可以为酒店、个人带来无穷的益处，因此，酒店服务人员应牢固树立形象意识，在酒店职业活动中着手塑造优秀的职业形象。

模块一　　　　仪　容

　　仪容一般是指一个人的容貌，现代酒店服务人员在职业活动中的仪容是指经过修饰并符合社会审美及行业要求的容貌，包括头发、面部、肢体等方面的修饰。仪容在个人的职业形象中居于显著地位，它往往传达出最直接、最生动的第一信息，反映一个人的精神面貌。个人仪容一般受两方面因素的影响：一是个人的先天条件，二是后天的保养和修饰。个人容貌是父母给予的，相对定型，但可以通过后天的保养、修饰、装扮，使自己容光焕发、神采飞扬。

一、清洁

　　要想拥有容光焕发、神采飞扬的仪容，对自身的头发、面容、肢体等做好清洁保养是第一步，也是非常重要的一步。

（一）头发

1. 头发的清洗

洗发可以洗去头发上堆积的尘埃、污垢和油脂，减少头发受损的机会，保持头发健康。特别是在大气污染严重的当下，清洗对头发的健康有着重要的作用。科学的洗发方法是：

（1）合理安排洗发周期。洗发周期不能过长也不能过短，油性头发一般在冬季2～3天洗一次，干性头发4～5天洗一次；夏季一般1天洗一次或2天洗一次。

（2）注意水温。洗发要用舒适的温水，水温一般以38℃～40℃为宜。水太烫，会刺激头皮、损伤头发；水太凉，洗过的头发缺少光泽。

（3）合理选择洗发水。应根据个人的发质选择合适的洗发水，而且不能长时间使用同一品牌。使用洗发水时应先将之在手心揉开，不能直接倒在头发上，也不能用护发素代替洗发水，洗发水要彻底冲洗干净。

（4）注意清洗方法。应特别注意清洗头皮。头皮是头发的"土壤"，有健康的头皮才有健康的头发。在洗发时，第一遍最好只洗头皮，按摩3分钟左右冲掉；洗第二遍的时候再从发根洗到发梢，起泡后一两分钟内尽快冲洗，避免洗发水在头发上停留过长时间。洗头切忌用力过猛，不要用指甲刮擦头皮；洗发时间不能过短；护发素最好不要全部冲洗掉，如果能在头发上保留大约25%的份量，会对头发有延续的保养和保护作用，能防止水分过快蒸发，抵挡外在环境对头发的直接伤害；洗完后宜自然风干，不得不使用吹风机时，吹风机至少要离头发20厘米，头发由湿到干，吹风机的距离也要由近到远，而且要不时地更换吹风区。

2. 头发的养护

健康、秀美的头发需要平时的保养和护理，一般可从梳理、按摩、护理、定期修剪几个方面入手。

（1）梳理。经常梳头除了可以理顺头发外，还可以刺激头部神经，促进血液循环和皮脂分泌，促进头发的生长。具体方法是：选择梳齿稀疏的牛角梳或木梳，梳齿紧贴头皮，着力适中，从前额开始向后梳，一直梳到枕部，顺着头发平梳，每次梳5～8分钟，以舒适为度，当头皮有热、胀、麻的感觉时，说明已达到要求，可停止梳头。梳头最好在早晨起床或白天进行，入睡前不宜梳头。平时可用双手十指梳头，自额部前发际开始，由前向后梳到后发际，动作以缓慢柔和为佳。

（2）按摩。按摩可以促进头皮的健康。按摩的方法是：伸开手指沿着发际线从前额向头顶再到脑后作环状揉动，然后由两鬓向头顶按摩，用力要均匀。如果是油性头发，按摩时用力要轻，以免过分刺激头皮，使油脂分泌增多。

（3）护理。除了经常清洗、梳理、按摩头发外，平时可注意个人的饮食，多进食高蛋白、富含矿物质碘与锌及维生素的食物；养成良好的个人生活习惯，少烟酒、少熬夜、多运动；必要时可通过其他方法进行必要的护理。

（4）定期修剪。头发每天都在生长，为了使自己始终保持健康、完美的形象，头发需要定期修剪。男性一般可安排半个月或一个月修剪一次；女性可根据自身情况安排修剪周期，留有刘海的要注意不能让刘海遮住眉毛和眼睛。

（二）面容

面容是酒店服务人员在服务过程中被他人注视的重点部位，因此酒店服务人员必须十分关注自身的面部状况。在职业形象塑造中，面容的清洁、修饰是非常重要的部分。

1. 脸部

（1）脸部的清洁。洗脸有两大作用：一是使得脸部皮肤处于尽可能无污染和无侵害的状态，为皮肤提供良好的生理条件；二是可以对脸部进行调整和放松，有效地激发皮肤活力，使毛孔充分通透，充分发挥皮肤健康和正常的吸收、呼吸、排泄功能，保持皮肤良好的新陈代谢状态；三是避免使用化妆品引发的负面作用。洗脸可谓生活中极为普通的事情，对于职业形象塑造而言，洗脸更是最基本的要求。

正确的洗脸方法：首先，洗净双手。因为手更容易接触污垢，上面带有很多细菌，如果不洗手就直接用手来洗脸，既浪费洗面奶，还可能使皮肤上沾上细菌和灰尘。所以，洗脸之前要先把手洗干净。其次，按正确的步骤洗脸。第一，用温水湿润脸部；第二，把洗面奶倒（挤）在手掌上，揉搓使之充分起泡沫；第三，用中指和无名指将泡沫抹在面部，用指腹顺着毛孔打开的方向轻轻按摩打圈，即两颊由下往上轻轻按摩，从下巴揉到耳根，两鼻翼处由里向外，从眉心到鼻梁，额头从中部向两侧，按摩时力度要轻柔一些，揉搓大约一分钟；第四，用温水洗净洗面奶；第五，检查发际是否有残留洗面奶；第六，将冷水拍到脸上，使面部温度降低，毛孔收缩，以增强皮肤的弹性。为了确保洗面奶不残留，一定要用爽肤水进行二次清洁。洗脸时要特别注意：不能长期使用过冷或过热的水；不能长期只用清水洗面而不使用任何碱性物质，特别是油性皮肤；不能洗完脸后不擦干。

（2）脸部的保养。脸部的养护是通过内养和外护来完成的。内养是指身体内部的调养，主要通过合理的饮食、适当的运动、充足的睡眠、愉悦的心情来实现；外护则可以通过有效清洁皮肤、尽可能避免日晒、科学选用护肤品等来实现。

2. 五官

（1）眼部。眼睛是"心灵的窗户"，是面部区域被他人注视最多的部位。眼睛有时会有分泌物产生，如果不及时清洁会使自己的形象大打折扣，因此在平时或职业活动中应养成仔细检查、及时清理的习惯；平时要养成科学用眼的习惯，注意眼睛的保护，一旦发现患有眼疾应及时治疗、休息；在酒店工作中，如果需要，服务人员应根据自身的脸型、气质、工作环境和岗位要求佩戴近视镜或太阳镜等，不能一味追求时尚。眼镜要保持清洁卫生，一定使用周期后应及时更换。

（2）眉部。眉毛虽然不像眼睛那样引人注意，但也是面部不可小觑的重要组成部分。对酒店服务人员来讲，不管是男性还是女性，平时都要注意对眉毛的清洁和修理，养成梳理眉毛的习惯，防止眉毛出现灰尘、皮屑等。

（3）鼻部。酒店服务人员平时要注意鼻子及周围的皮肤清洁、鼻毛的修剪两项工作。鼻子及周围的皮肤毛孔一般都比较粗大，在进行皮肤清洁时应重点清理。对于鼻孔内侧也要经常清理，鼻毛要定期修剪，以免鼻毛外露，影响形象。此外，在公共场所也不能有挖鼻孔、擤鼻涕、拔鼻毛等不雅动作。

（4）口部。语言是人们沟通交流必不可少的工具，因此口部清洁对一个人的整体形象也相当重要。具体要求有：一是确保牙齿的清洁与健康。整齐、洁白、干净的牙齿非常重要，因为无论是讲话还是微笑，牙齿都会暴露在他人的视线下。因此，酒店服务人员应养成勤刷牙、勤漱口、定期护理的习惯，保持口腔健康卫生。二是确保口气的清新。在酒店工作中，服务人员为了保持清新的口气，应当适当禁食，如不吃葱、蒜、韭菜等有刺激性气味的食物，如果不小心吃了这些食物，应及时采取补救措施；工作期间应禁酒禁烟；有胃疾的人，应尽量少吃易产生胃气的食物；等等。三是确保口部的美观。美观的口部应该是唇红齿白，即做到唇部滋润、红润，无脱皮、开裂、溃烂等情况。

（5）耳部。人体耳部会产生一定的分泌物，应及时清理。如果耳孔内生长了耳毛，也应及时修剪。

（三）肢体

酒店服务人员在服务活动中经常会运用肢体动作，有时宾客对服务人员肢体的重视程度不亚于对面容的重视程度。因此在做好头发、面容等清洁保养的同时，也应关注自身肢体的清洁保养。

1. 手臂

手臂被服务行业称为服务人员的"第二张名片"，是服务人员使用最多的肢体部位，无论是指示方向还是递送物品，都必须使用，因此手臂不仅影响服务人员的个人形象，也影响酒店的整体形象，体现酒店的整体服务管理水准。

（1）及时清洁。酒店服务人员要随时保持手臂的干净卫生，特别是手臂裸露部分，如胳膊、手指等部位。平时要养成勤洗手、勤剪指甲的好习惯。

（2）科学护理。在清洁的基础上，酒店服务人员应在较为干燥的季节或对敏感肤质的手臂做好护理工作。特别是经常使用清洁剂从事保洁工作的服务人员，更要养成戴橡胶手套、使用护肤品的习惯。

2. 下肢

虽然下肢常被服装鞋袜包裹起来，容易被人们忽视，但服务人员也应时刻注意对它的保洁和美化。

（1）随时保洁。下肢的污垢常常躲在不易被发现的角落，容易被忽视，因此酒店服务人员非但不能忽略下肢的保洁，更应认真对待，要勤洗澡洗脚，勤换洗裤子和鞋袜。

（2）合理美化。下肢的美化主要是指鞋袜的选择和体毛的处理。酒店服务人员在工作中要依据岗位的性质和要求按规范穿着裙、裤和鞋袜。如果有的岗位需要裸露下肢，应适当修整、遮掩体毛。

二、化妆

化妆的实际意义是使人更加美丽，更加光彩照人。化妆之后，人们可以拥有更好的自我感觉，更为自尊自信，在生活工作中表现得更为洒脱自如。在酒店行业，服务人员通过化妆美化自己，也是尊重服务对象的表现，是工作场合的重要礼仪要求。

（一）皮肤类型

皮肤一般可分为干性、中性、油性、混合性、敏感性五种类型。干性皮肤一般毛孔细小，皮脂分泌少，皮肤表面缺少弹性和光泽，容易产生细小皱纹；中性皮肤皮脂分泌适中，皮肤表面光滑、润泽；油性皮肤皮脂分泌多，毛孔较大，纹理较粗，不易产生皱纹，但容易生粉刺；混合性皮肤是一种具有多种性质特征的皮肤，往往在额头、鼻子、下巴部位分泌皮脂较多，形成T形皮脂带，这些部位属油性皮肤性质，其他部位则呈中性或干性皮肤性质；敏感性皮肤容易对光照、某些化妆品或食物有过敏反应，这些皮肤要避开过敏源，不能乱使用化妆品，初次使用时必须仔细试用，不要经常换用护肤品和化妆品。

（二）认识和选择化妆品

1. 认识化妆品

根据功能的不同，化妆品可分为四大类型：

（1）润肤类化妆品。用于护理面部、手部、身体等部位皮肤的化妆品为润肤类化妆品，主要为皮肤护理提供基本的保障，常见的有洁面乳、香脂、润肤露、润肤霜等。

（2）美发类化妆品。用于头发的护理、保养、造型的化妆品为美发类化妆品，主要有洗发水、护发素、啫喱水、烫发水、染发膏、发胶、发蜡、发膜等。

（3）芳香类化妆品。用于溢香去臭、芳香宜人、防蚊虫叮咬的化妆品为芳香类化妆品，常见的有香水、香粉、花露水等。

（4）修饰类化妆品。修饰类化妆品主要用于修饰肤色，为搭配服饰、造型，用来改善面部某些部位的着色，使化妆者更加靓丽，常见的有粉底、粉饼、眼影、眉笔、胭脂、口红等。

2. 选择化妆品

一个人皮肤的性质不是一成不变的，往往会随着年龄、季节、生活环境的变化而变化。因此应根据皮肤的特点选用合适的化妆品，同时综合考虑质量等多种因素。

（1）质量。名厂、名牌只是参考因素，关键看产品是否含有香精、防腐剂、色素、动物成分，是否经过皮肤科测试。同时要注意产品有无检验合格证和生产许可证，以防假冒。此外，要学会识别化妆品的质量。

1）从外观上识别。好的化妆品应该颜色鲜明、清雅柔和。如果发现颜色灰暗污浊、深浅不一，则说明质量有问题。如果外观浑浊、油水分离或出现絮状物，膏体干缩有裂纹，则不能使用。

2）从气味上识别。化妆品的气味有的淡雅，有的浓烈，但如果闻起来有刺鼻的怪味，则说明是伪劣或变质产品。

3）从感觉上识别。取少许化妆品轻轻地涂抹在皮肤上，如果能均匀紧致地附着于肌肤且有滑润舒适的感觉，就是质地细腻的化妆品。如果涂抹后有粗糙、发粘感，甚至皮肤刺痒、干涩，则是劣质化妆品。

（2）个人和环境因素。除化妆品的质量外，还要考虑使用者和环境因素。

1）肌肤类型。油性肌肤的人，应使用爽净型的乳液类护肤品；干性肌肤的人，应使用富有营养的润泽型护肤品；中性肌肤的人，应使用性质温和的护肤品。

2）年龄和性别。儿童皮肤幼嫩，皮脂分泌少，须用儿童专用的护肤品；老年人皮肤萎缩，又干又薄，应选用含油分、保湿因子及维生素 E 等成分的护肤品；男性宜选用男士专用的护肤品。

3）肤色。选用口红、眼影、粉底、指甲油等化妆品时，须与自己的肤色相协调。肤色较白的人，应选用具有防晒功能的化妆品。

4）季节。季节不同，使用的化妆品也有所不同。在冬季，宜选用滋润、保湿性强的化妆品；在夏季，宜选用乳液或粉类化妆品。

（三）化妆的原则

不论是日常生活还是职业场合，化妆时都应遵循以下基本原则。

1. 扬长避短

化妆的目的是通过化妆，力求突出自己面部最美的部分，使其更美，遮掩不足部分，使其不大引人注意，巧妙地弥补缺陷，从而在人际交往中显得更为自尊、自信、自爱。酒店服务人员要使化妆达到美的效果，首先要了解自己容貌的特点，明白自己容貌的优点和不足；其次要通过化妆品、化妆技巧、化妆方法等的合理选择与搭配运用，达到化妆的目的。但是，任何化妆品或化妆技巧都不能改变自身容貌存在的不足或缺陷，因为它不是整容，化妆的重点是突出面部最美的部分，掩饰和校正不足，扬长避短。

2. 自然和谐

化妆的最高境界可以用两个词形容，就是"自然"、"和谐"。自然是指化妆时虽追求刻意雕琢，但结果却又不露痕迹且给人以赏心悦目的美感。和谐是指化好的妆容与自身的性别、年龄、容貌、肤色、身材、体型、个性、气质、服装饰物及职业身份、工作环境等相协调；面部各部位之间色彩搭配协调，浓淡相宜。

3. 科学化妆

酒店服务人员化妆时要讲究科学方法。第一，要科学地选择化妆品，根据个人不同的肤质选择合适的化妆品，尽量选择天然且对人体无害的原料生产的化妆品，尤其不能使用含有过多香料、酒精且不带卫妆准字的劣质化妆品；第二，要讲究专用原则，不随意借用他人的化妆品；第三，要讲究化妆方法与技巧，不同的化妆品有不同的使用方法与技巧，必须熟练掌握，从而使化妆成为有效的修饰手段。

4. 修饰避人

酒店服务人员应处处维护自身的职业形象，不能素面朝天，也不能以残妆示人，但这并不意味着可以随时随地化妆和补妆。化妆实际上属于个人隐私，原则上只能在家中进行，如果事出有因，在其他场合需要临时化妆和补妆，应在隐蔽或无人之处进行，做到修饰避人。也不能非议他人妆容，尤其不能对服务对象的妆容指指点点。

5. 遵从礼仪

酒店服务人员在进入工作场合前（特殊场合如吊唁、丧礼等哀伤、沉痛场合除外），无论男女都应进行面容的适当修饰，做到整洁、美观，避免"奇、新、残"。男士如需化妆，注意使用化妆品不宜过多，色彩尽量接近肤色，不能暴露化妆痕迹。

（四）化妆的程序与技巧

（1）洁面与护肤。化妆前首先要用洗面奶或洁面乳彻底清洁面部、颈部，然后选用合适的营养液护肤，使用时应用手掌由里向外、由下往上均匀涂抹。

（2）底色、高光色。洁面护肤后，用粉底液（霜）给面部做底色，底色一定要与皮肤服帖，做好底色可从视觉上改善皮肤质感与肤色明度，这是化妆成功的一半。选用接近自己肤色明度或高一度的粉底做内轮廓，选用比肤色低一度或两度的粉底做外轮廓，选用比基础底色更高度数的粉底或专业高光色为面部突出部位如鼻梁和眼袋阴影处提亮。

（3）眉眼部化妆。眉眼部化妆指的是眉毛和眼睛包括眼影、眼线、睫毛等处的修饰。化妆时应结合自身眉型特点对眉毛进行修理，"杂乱不堪"的眉毛要及时修整，除去多余的杂毛，做到正常、大方、优美。眉毛的最高点应在眉峰处，最浓处应在眉腰，眉头和眉梢应渐淡；眉毛要有透隙感，画眉时应用毛刷笔沾眉粉或用眉笔从眉腰处向外向内轻刷，不能用力过猛画到皮肤上；眉粉或眉笔的颜色要与发色相同。

眼影是用来强调眼部结构和神韵的，应根据工作场合、个人性格、服饰搭配等因素来选择眼影的颜色，一般职场中以稳重大方的咖啡色系为主。画眼影分两步：先用结构色眼影从睫毛处开始自下至上在眼球处晕染开，然后用提亮色或与服装呼应的颜色从睫毛线向上晕染开，也可再用眼影在下眼线处呼应一下。

眼线也叫睫毛线，眼线应由外向内紧贴睫毛根部渐弱，画的时候要尽量细致。睫毛的修饰可先用睫毛夹将睫毛卷起，再用睫毛膏由下往上将睫毛均匀刷开，注意不要刷到睫毛根部或脸上。

（4）胭脂。胭脂又叫腮红，有改善肤色、修正面型的作用。选择胭脂时应考虑个人的职业、肤色、年龄、性格等因素，工作场所一般选用橘色和粉色。刷胭脂要从颧下弓处开始逐渐向颧骨处过渡，并要结合脸型特点，窄脸横向刷、宽脸纵向刷。

（5）唇部。先用唇膏打底，再用唇线笔由外向内勾出唇形，最后用唇彩在唇部均匀涂开。

（6）颈部。面部化妆结束后，可用与面部底色一致的粉底或细干粉轻轻擦拭，确保面部底色与颈部的自然衔接。

（7）定妆。全部化妆步骤结束后，用少量浅、深两色干细粉分别为内、外轮廓定妆，这样可使皮肤看起来更明亮、更富有弹性，妆容更持久。

每个人都可根据自身特点及出席场合的性质简化上述程序。总之，化妆的重点是突出自身的优势部位，因此化妆时可对自己最美的部位进行重点修饰，不足或有缺陷的部位则不宜过多修饰。

三、发型

与他人接触时，相互最先关注的是头部，头发的修饰往往会让对方产生非常重要的"第一印象"。除了头发清洁这一第一要素外，发型的选择也是头发修饰尤为重要的一环。

发型是指头发经过修饰后所呈现的整体形状。优美的发型是展示个人良好形象的前提，仪容修饰应当"从头开始"。对酒店服务人员来说，发型的选择直接影响其职业形象，因此除了个人偏好可适当兼顾外，最重要的是考虑自身条件、工作性质、工作环境与要求等因素，总体上要求庄重、大方、整洁。

（一）发型选择的总体要求

1. 酒店男性员工发型的选择

酒店男性员工的头发要做到定期清洗、修剪，发际线清晰；前不过眉，不能影响为宾客的服务，后不过领，侧不过耳，鬓角不可短于耳郭顶部，也不能长过耳垂；脑后及两侧的头发应修剪有型，不得过于浓密；不能梳理夸张的发型，不得长发披肩或梳辫子，也不可剃光头。酒店男性员工发型示范如图 2—1 所示。

图 2—1　酒店男性员工发型示范

2. 酒店女性员工发型的选择

女性的发型变化多种多样，但对酒店女性员工来讲，发型的选择应结合自己的气质、脸型和工作的要求，原则上要求简约、大方、明快。具体来说，前面头发不能过双眉，不能影响为宾客的服务，短发的长度后不过领，最短不低于双耳底部，侧不过耳；头发及肩或过肩都应扎起或盘起；不论短、中、长发都应定期修剪。酒店女性员工发型示范如图2—2、图2—3所示。

图2—2　酒店女性员工发型示范（后）　　　图2—3　酒店女性员工发型示范（侧）

（二）头发的美化

1. 烫发和染发

酒店员工除了选择既符合职业要求又能使自己更美的发型外，也可以通过烫发或染发的方法将自己的头发进一步美化。烫发时，要考虑自己的职业、岗位、年龄、发质、身体等是否适合。员工不论男女，发型都要符合岗位要求，不得披头散发，过于新奇、怪异。

酒店员工如果需要染发，最好选择自然色或与本人头发色差不太明显的颜色。染发后必须使自己更健康、更美丽，凡是让人变得脸色苍白、与自己眉毛颜色有冲突、让自己眼睛黯然失色的头发颜色，无论多新潮、多时髦都不可取。

2. 发饰的佩戴

发饰的佩戴，目的是"管束"头发而不是刻意打扮。因此，酒店女性员工宜选择黑色、藏青色或褐色且无花色图案的发饰、头花、发卡、发带等，佩戴时也要根据个人的脸型、头型、发型合理搭配。

礼仪故事

美中不足

一天，黄先生与两位好友小聚，来到某酒店，接待他们的是一位五官清秀的服务员，接待服务工作做得很好，可是她面无血色，显得无精打采。黄先生一看到她就觉得心情欠佳，仔细留意才发现，这位服务员没有化工作妆，在餐厅昏黄的灯光下显得病态十足。上菜时，黄先生又突然看到传菜员涂的指甲油缺了一块，其第一反应就是"不知是不是掉进我的菜里了"。但为了不惊扰其他宾客用餐，黄先生没有将其疑虑说出。用餐结束后，黄先生请柜台服务员结账，这位服务员却一直对着反光玻璃墙面修饰妆容，丝毫未注意到黄先生。自此以后，黄先生再也没有去过这家酒店。

拓展知识

发型选择

一、脸型正面特征与发型选择

每个人的脸型轮廓、五官特征都不尽相同，所以在选择发型时就要扬长避短。分析脸型时，最好用毛巾或发带把所有的头发都梳到脑后，面对镜子，仔细端详自己。粗略来分，人的脸型可以分为七种：椭圆脸型（鸭蛋脸），圆脸型，方脸型（国字脸），长脸型，申字脸（枣核形或菱形），心形脸，由字脸（鸭梨形）。

1. 椭圆脸型

椭圆脸型又称鸭蛋脸，一般来说这是最理想的脸型。其特点是：从前额发际到眉毛的水平线之间距离约占整个脸的1/3，从眉毛到鼻尖又占1/3，从鼻尖到下巴的距离也是1/3。脸长约是脸宽的1.5倍，额头宽于下巴。这种脸型一般来说可以配任何发型。但是，选择最佳发型还要考虑其他因素，如年龄、侧面轮廓、两眼之间的距离以及是否戴眼镜。

2. 圆脸型

特征为圆弧形发际、圆下巴，脸较宽。圆脸型女士最好选择头顶较高的发型，留一侧刘海，宜佩戴长坠耳环。圆脸型男士的发型最好是两边较短，顶部和发冠稍长一点，头发侧分。吹风时将头顶发吹得膨松一点，显得脸长一些。女士短发则可以是不对称式或对称式，侧刘海，或者留一些头发在前侧吹成半遮半掩脸腮的效果，头顶头发吹得高一些。

3. 方脸型

方脸型又称国字脸，特征为方额头、方下巴，脸较宽。发型设计要设法从视觉上拉长脸型。对于女士来说，最好是剪成不对称式中长发，即一边头发多、一边头发少，或者一边长、一边短。把头发多的一边往上往前吹，形成大波浪以使脸部曲线显得柔和。还有一种方法是剪两边对称的短发，把两边的发梢往前拉到腮帮，以遮盖方下巴，造成椭圆脸型的视觉效果。

4. 长脸型

特征为脸窄而长，颊下陷，有些人前额比例过大，有些人鼻子过长，也有些人下巴过长。为了给人以椭圆脸型的视觉效果，长脸型人的发型设计应当着重于缩短脸长、增加脸宽。女士以齐下巴的中长发式为宜。前额多留些刘海，两边发型丰满蓬松，不要紧贴脸颊。男士宜留分头，略盖前额。

5. 申字脸（枣核形脸或菱形脸）

特征为前额与下巴较尖窄，颧骨较宽。发型设计应当着重缩小颧骨宽度。女士最好烫发，然后在做发型时，将靠近颧骨的头发作前倾波浪，以掩盖宽颧骨。将下巴部分的头发吹得蓬松些。应该避免露脑门，也不要把两边头发紧紧地梳在脑后（如扎马尾辫或高盘）。

6. 心形脸

特征为宽额头、窄下巴。发型设计应当着重于缩小额宽，并增加脸下部的宽度。具体来说，头发长度以中长或垂肩长发为宜，发型适合中分刘海或稍侧分刘海。发梢蓬松柔软的大波浪可以达到增宽下巴的视觉效果，并更添几分妩媚。

7. 由字脸（鸭梨脸）

特征为额头窄小、下巴宽大。为了掩盖其缺陷，应当增加头顶头发的高度和蓬松度，留侧分刘海，以改变额头窄小的视觉效果。头发长度要超过下巴，避免短发型。如果烫一下更好，容易做出大波浪，发梢柔软地附在脸腮。

二、脸型侧面特征与发型选择

发型设计时还要考虑脸型的侧面特征，如鼻子形状、下巴形状、后脑勺形状、颈部长短以及是否戴眼镜等。脸型的侧面轮廓有下面几种：基本垂直的侧面轮廓是最理想的，可以梳任意发型。此外还有凹月型侧面、凸月型侧面和斜下前倾侧面。具体发型设计应该请教专业美发师。

戴眼镜的人，圆脸型、椭圆脸型和方脸型都比较适合留短发，削薄的齐头发帘，佩戴长耳坠，但是不适合戴宽边圆形眼镜。心形脸和菱形脸的人，头发不要理得太短，适合戴细边或中等粗的大眼镜框。脸型瘦小的人，宜梳丰满蓬松的中短发型，戴大镜框，以增加脸宽的视觉效果。由字脸（鸭梨脸）的人，要避免戴方眼镜框，宜梳垂直短发，留整齐的刘海，建议戴大的椭圆形眼镜，发型要露前额头，发梢微微向前拉以遮盖一部分突出的腮帮。

每个人的头型及大小各不相同，选择发型时要尽量使脸型和头型向椭圆形靠拢。身材短小、体型丰满者不适合留长发，尤其是烫得蓬松的长发，因为这样会更加突显短胖的形象。身材与头颈都颀长的人比较适合披肩长发，蓬松些更好。

自然美容——洗脸新概念

超级配方一——小苏打

小苏打又名碳酸氢钠，呈弱碱性，可中和皮肤表面的酸性物质，水溶后能释放出二氧化碳浸透并穿过毛孔及皮肤角质层，促进皮肤的血液循环，提高细胞新陈代谢速度。小苏打与水的配制比例为1∶5 000，即用5 000毫升的水来溶解1克小苏打。用这种配方的水洗面后可使毛细血管扩张，令肌肤光泽、红润、有弹性。

超级配方二——蒸汽

蒸汽可使面部皮肤毛孔扩张，排除淤积于毛孔内的污垢，同时，补充细胞新陈代谢所需要的水分，使干燥、粗糙的皮肤变得湿润、细嫩。具体操作方法：先用中性香皂洗净脸部，然后在盆中倒入80℃～90℃的热水，脸部在距水面5～10厘米处保持平行，持续10分钟左右后用40℃左右的水洗面，再用冷水浸透毛巾擦脸几次，让皮肤毛孔收缩。干性皮肤可以每周做一次，油性皮肤可以隔一天做一次。

超级配方三——双氧水

双氧水含有高浓度的氧气，穿透细胞的能力很强，既有去除污垢的良好效果，又能直接提供给皮肤充足的氧气，有利于增强表皮细胞活性，因而用双氧水敷面有娇嫩、美白的作用。具体操作方法：将脸洗干净后，用干净的毛巾蘸上30％的双氧水敷于面部，每次3～5分钟，每日1～2次，连用7～10天。

超级配方四——凉开水

开水自然冷却到20℃～25℃时，溶解在其中的气体比沸腾前减少了1/2左右，水质也随之发生变化，内聚力增大，分子与分子之间更加紧密，表面张力加强。这样的水质与皮肤细胞内的水质十分接近，因此更容易浸透到皮肤里，从而使皮肤更加细腻、红润、有光泽。

皮肤性质的检测及护肤品的选择

一、皮肤性质的检测

前一天晚上睡觉前把脸洗干净，但不擦任何护肤品睡觉。次日早上洗脸前，准备三张干纸片，分别贴在额头、鼻子、面颊上，两分钟后揭下，放在亮处观察：如果满纸油迹则是油性皮肤；如果极少油迹则是干性皮肤；如果额头、鼻子有油迹，脸颊处几乎没有油迹，则是中性皮肤；如果额头、鼻子有较多油迹，脸颊处几乎没有油迹，则是混合中性皮肤。也可以用指腹触摸脸部，有粗糙感的是干性皮肤，感觉光滑的是中性皮肤，感觉油腻的则是油性皮肤。

二、护肤品的选择

不同肤质的护肤品选择如表2—1所示。

表 2—1 　　　　　　　　　　不同肤质的护肤品选择

不同肤质 护肤品类型	干性皮肤	中性皮肤	油性皮肤	敏感性皮肤
洁面用品	滋润洁面乳	中性保湿洁面乳	富含柠檬、矿物质的产品尤佳，或抑制油脂分泌的产品	中药、含维生素E成分的、草本的
化妆水	营养、滋润、保湿型化妆水，碱性化妆水	营养、平衡、保湿型化妆水，碱性化妆水	清爽型化妆水，酸性化妆水	抗过敏的化妆水
乳液	含动植物精华的高效保湿乳液	中性乳液	不含油脂或油脂含量低的乳液	抗过敏的乳液
滋润营养霜	加强保护型、抗干燥、抗老化型营养霜	营养日霜	不需用	不需用

不同脸型的化妆技巧

一、圆脸的化妆技巧

圆脸给人玲珑、可爱之感。圆脸的化妆技巧主要有：选用暗色调粉底，沿额头靠近发际线向下窄窄地涂抹，至颧骨下部加宽涂抹面积，造成脸部亮度自颧骨以下逐渐集中于鼻子、嘴唇、下巴等部位的效果；也可用粉底在颊两处造成阴影，使圆脸看起来消瘦一点。眉毛可修成自然的弧形，不可太过平直或有棱角，也不可过于弯曲。胭脂（腮红）可从颧骨开始涂至下颌，但不能简单地在颧骨突出部位涂成圆形。唇膏可在上嘴唇涂成浅浅的弓形。

二、椭圆脸的化妆技巧

椭圆脸是公认的理想脸型，不必通过化妆去改变脸型，只要保持自然形状，突出美丽之处即可。眉毛可顺着眼睛的轮廓修成弧形，眉头与内眼角齐，眉梢可稍长于外眼角。胭脂（腮红）应涂在颧骨的最高处，再向上向外揉化开去。唇膏尽量按自然唇形涂抹，除非嘴唇唇形有缺陷。

三、长脸的化妆技巧

长脸可通过增加面部宽度的技巧来达到化妆的效果。若双颊下陷或额头偏窄，应在双颊或额头部位涂以浅色调的粉底，造成光影使之变得丰满一些。眉毛的位置不宜太高，尾部切忌高翘，眉毛的形状尽量修成弧形，切不可有棱有角。胭脂（腮红）应离鼻子稍远，涂抹时可沿颧骨的最高处与太阳穴下方所构成的曲线部位，向外向上涂抹开去。

四、方脸的化妆技巧

方脸的特点是双颧骨突出，因此在化妆时，要设法增加面部的柔和感。可用暗色粉底在颧骨最宽处造成阴影，下颚部可用大面积暗色粉底造成阴影以改变面部轮廓。眉毛可稍弯曲，但不可有棱角。涂抹胭脂（腮红）时应与眼部平行，切忌涂抹在颧骨最高处，可在颧骨稍下处往外涂开。唇膏可涂丰满些，强调柔和感。

五、三角脸的化妆技巧

额部较窄下部较宽、整个脸部上窄下宽是三角脸的特点。化妆时应将下部宽角"削"去，把脸型变为椭圆脸。化妆时可用较深色调的粉底在两腮部位涂抹、掩饰。眉毛宜保持自然状态，不可太平直也不可太弯曲。由外眼角处开始向下涂抹胭脂（腮红），可使脸部上半部分拉宽一些。

六、倒三角脸的化妆技巧

倒三角脸也叫"瓜子脸"、"心形脸"，这种脸型额部较宽大、两腮较窄小，呈上宽下窄状。其化妆技巧的运用和三角脸相似，但需要修饰的部位恰恰相反。化妆时可用较深色调的粉底涂抹在额头的两侧，用较浅色调的粉底涂抹在两腮及下巴处，造成掩饰上部、突出下部的效果。眉毛应顺着眼部轮廓修成自然的形状，眉梢不可上翘，眉毛应从眉心到眉梢处由深到浅描画。胭脂（腮红）应从颧骨最高处向上向外揉开。嘴唇宜用稍亮的唇膏涂抹，唇形可以宽厚些。

模块二　　　　仪　表

仪表就是人的外表，一般是指一个人在服饰方面应达到的现代礼仪的要求。服饰是装饰人体的物品总称，包括服装、鞋、帽、袜子、手套、围巾、领带、提包、阳伞、发饰等。"金无足赤，人无完人"，人的体态少有十全十美的。但一个人如果掌握了服装穿着、修饰的方法与技巧，就可以通过巧妙的装扮使自己的外表趋于完美。

在酒店服务过程中，服务人员不仅应在容貌上符合社会审美及行业要求，更应在个人的服饰方面达到职业的标准，体现出个人的职业气质、修养、精神面貌及良好的组织形象，从外表上充分反映对服务对象的尊重与友好。

一、酒店制服设计、制作、穿着原则

酒店服务人员的职业服饰也称制服或工装，它的选配影响公众的心理，在一定程度上也影响对酒店服务质量的评价。因此，酒店制服在设计、制作、穿着等方面应遵循下列基本原则。

（一）TOP 原则

TOP 是 Time、Objective、Place 这三个英文单词的首字母组合，分别代表时间、目的、地点，即酒店制服的设计、制作、穿着应与参与活动的时间、参与活动的目的、参与活动所处的地点等相协调。

1. 时间原则

时间原则是指酒店制服在设计、制作、穿着时要考虑两点。一要考虑时代特征，具有时代气息，既要符合通行的道德传统和常规做法，又要符合当下时代的发展需求，尽可能做到与时代合拍，或适当超前在行业里能起到引领的作用，不能落伍。二要考虑酒店所处区域的季节性，服饰要符合大自然不同季节的气候特征，做到应时、应景、应人。如海南三亚地处热带，常年无四季之分，只有雨季和旱季，因此酒店制服只要夏装即可，并以凉爽、简洁为基本格调，可较多选择轻薄、透气的面料、简洁的款式、淡雅的色彩；又如其他处在四季分明地区的酒店，在制服的设计、制作、穿着方面，至少应有夏装和冬装之分，夏装以轻薄、透气、淡雅为主，冬季则可选用较为厚重的面料和相对浓重、明艳的色彩。

2. 目的原则

酒店制服不仅具有展示员工职业形象的功能，更重要的是还具备实用功能，即员工穿着制服能顺利、有效地完成各自承担的服务职责和任务。因此，酒店制服在设计、制作、穿着等环节都必须充分考虑服务工作的实际需要，在考虑服饰美观性的同时充分考虑实用性，选用适合的质地、色彩与款式，方便员工工作，不喧宾夺主，过分张扬，不妖艳，不花哨。

3. 地点原则

地点原则是指地方、场所、位置不同，着装也应有所区别。酒店一般下设前厅部、客房部、餐饮部、工程部、安全部、人力资源部等部门。有的部门属于前台部门，员工每天都要和宾客直接打交道；有的部门属于后台部门，一般不会和宾客直接接触。同时，各个部门的服务内容和要求也不尽相同。因此，酒店应根据部门和岗位的工作要求，在关注酒店制服"四长"（衣长、袖长、裤长、裙长）和"四围"（领围、胸围、腰围、臀围）的基础上，设计、制作能体现岗位气质的制服。

（二）遵守常规原则

酒店服务人员在穿着制服时首先要符合礼仪的要求，既体现对他人的尊重，也体现对自己的尊重，做到整洁、大方、干净、无破损。酒店服务人员不得根据自己的喜好或为追求时髦再在制服穿着上画蛇添足，擅自改变其穿着形式，或私自增减饰物。如酒店不少岗位都会配以西服作为员工的职业服饰，因此员工在穿着此类制服时就应遵循国际有关正式场合西服的穿着规范。

（三）整洁、美观原则

酒店制服一旦穿在员工身上，就必须整齐、干净、挺括，不能有褶皱，不能有污渍、破损、绽线、掉扣等现象。要适合穿着者的岗位身份，以穿在身上满意、舒服为宜。酒店制服应体现含蓄美，但也不能墨守成规；既要体现时尚美，又不能怪异轻浮。应根据酒店的特色、文化和员工的自身情况设计、制作，做到扬长避短、彰显酒店个性，尽可能体现端庄大方、修饰适度、充满活力、朝气蓬勃的酒店职业风度。

二、男员工着装规范

酒店男员工在工作过程中，根据部门、岗位的不同，可以选择西装或其他类型的酒店制服，但不论穿着何种服装，都应符合着装的礼仪规范。

（一）西装穿着规范

西装是目前全世界男士在正式场合最流行的服装之一。西装作为许多国家男员工的正式服装，已经形成了一定的穿着规范，故有西装"七分在做，三分在穿"之说。男员工在酒店服务过程中，若其制服为西装，则应在个人穿着上符合西装特定的模式和要求，这样才是合乎礼仪的，才会显得庄重有风度、整洁有品位。

1. 西装

从数量上看，西装可分为两件套和三件套，两件套包括上衣和裤子，三件套包括上衣、马甲和裤子。从板型上看，西装可分为英式西装、美式西装和欧式西装。一套标准的西装应保持面料、色彩、质地完全一致。

（1）西装的选择。酒店在选择西装时要注意色彩、面料、款式、做工、大小等要素。一般而言，作为酒店制服的西装，色彩以单色深色为主，宜选深蓝色、黑色、灰色等色彩，面料应精致，一般选用精纺毛料，款式要适合大多数员工的实际情况，做工要精良，大小要合体。西装上衣长度应过臀部，手臂伸直时袖子长度到虎口处；在穿好西裤拉上拉链、扣好裤扣后，能将五指并拢的手掌伸进裤腰；穿好西裤人站正时裤脚的下沿盖住鞋背的 1/3 至 1/2。

（2）西装的穿着。西装穿着要遵守特定的礼仪规范，具体要求有以下几条。第一，拆除新西装袖口的商标、羊毛标签等，做到制服商标不外露。第二，确保西装外观整洁、挺括、无脱线、无破损。第三，扣好纽扣。西装有双排扣和单排扣之分，穿双排扣西装时，必须将扣子全部扣上；穿单排扣西装时，遵循扣上不扣下的原则扣好相应的纽扣：单排三粒扣西装，扣上面两粒或只扣中间一粒；单排两粒扣西装，只扣上面一粒。第四，配好衬衫和领带，内衣不露出制服外。第五，慎穿毛衣，如果非穿不可，应选单色薄型"V"领羊毛衫，羊毛衫应放在西裤外面。第六，不卷衣袖，不挽裤管。第七，少装或不装东西。西装上衣左胸口袋只能放装饰手帕，不可以放其他物品；下方口袋除临时性放置单张名片外，不宜放置其他物品；裤袋与上衣口袋一样不宜装物，以保证服装整体美观不变形。

2. 衬衫

在酒店，与西装搭配的衬衫最好是单一色彩，白色衬衫适用面最广，蓝色、灰色也可以考虑，但杂色衬衫一般不宜选用。衬衫大小以扣好扣子领口处能伸进一个小手指较为合适，袖口比西装袖口长出 1～2 厘米，领子比西装领子高出 1 厘米左右。衬衫穿着时要做到整洁、挺括、无褶皱，下摆应塞进西裤裤腰中，衬衫袖子要扣上。

3. 领带

领带是男士衣着品位和绅士风度的象征，酒店男员工穿西装一般均要求系领带。酒店男员工一般适合系单色领带，选用与制服颜色相称、光泽柔和、典雅朴素的领带，颜色以蓝色、黑色、紫红色、灰色为宜；领带的质地以丝质类为佳；注意领带的宽度和长度要与自己的身体成正比，不要反差太大，一般领带宽度与西装领襟一致，领带的长度以 140～150 厘米最标准。

领带一般有平结、双环结、交叉结、双交叉结、温莎结、四手结等系法。系好的领结要饱满，与衬衣领口的吻合要紧凑且不歪斜；两端自然下垂，宽片略长于窄片，领带的长度以系好后大箭头垂直到皮带扣处或皮带扣中间为佳，置放于西装和衬衫之间。如果穿有马甲，领带应在马甲和衬衫之间，并且在马甲下端看不到领带尖。领带的翩翩风度在于灵动之美，故一般不戴领带夹，如要佩戴领带夹，则应夹在从上往下数衬衣的第 4～5 粒扣子处，西装系好扣子后，应该看不到领带夹。有些岗位，男员工穿西装时可以不系领带，此时衬衫的第一粒扣子必须解开。

4. 鞋袜

穿西装须穿皮鞋，一般以无花纹的黑色平跟皮鞋为宜；皮鞋、皮带、皮包的颜色最好一致，以黑色、棕色最为常见。男员工穿皮鞋时应配深色丝袜，不能穿浅色丝袜或棉袜。皮鞋和袜子应保持干净，无异味、无破损。

5. 名牌与饰物

（1）名牌。员工名牌不仅是酒店部门、岗位、职位的标志，也体现出对服务对象的尊重，使其容易辨认区分以便获得应有的服务，更体现出对服务人员的尊重。服务人员佩戴名牌上岗是对自身职业的肯定，能增强工作的责任感和义务感。名牌应端正地佩戴在左胸上方，每日上岗前自觉戴好；名牌有损坏或岗位有变化时，应及时更换。

（2）饰物。饰物佩戴是一门大学问，很多时候它甚至比服装本身还重要，佩戴得体有画龙点睛之作用。由于酒店工作的性质，男员工除手表、结婚戒指外，一般不允许戴珠宝或其他小饰品。

（二）其他制服穿着规范

由于工作的需要，酒店有些工作岗位的男员工无须穿着西服，只要穿着符合岗位性质的制服即可。在穿着其他制服时，可以参考西服的穿着规范，做到服装干净无污渍、熨烫平整、无绽线、无破损、无掉扣，鞋袜搭配合理，按规定佩戴名牌，不戴过多的饰物，等等。

三、女员工着装规范

酒店女员工在工作过程中，根据部门、岗位的不同，可以选择正装或其他类型的酒店制服，但不论穿着哪种服装，都应符合着装的礼仪规范。

（一）正装穿着规范

酒店女员工的正装一般首选套装。视工作需要，套装可以是裙装也可以是裤装，可以是两件套也可以是三件套，即上衣、裙子（裤子）和背心。女员工套装在穿着时不仅要体现出岗位特点、岗位气质，更应遵守女员工正装穿着的礼仪规范。

1. 服装

酒店工作中，女员工选择套装要适当，上衣和裙子（裤子）的颜色应相同，以素色无光泽为宜；上衣一般应有袖子，裙子的长度应到膝盖，裤子的裤脚下沿应盖住鞋背的1/3至1/2；巧配衬衫、内衣，衬衫以素色为主，内衣应当柔软贴身、大小合适；套裙一般配以衬裙，特别是着丝、棉、麻等薄型面料或浅色套装时，衬裙以单色为好，大小长短要合适。如果穿着西服，一般不佩戴领带，可用领花或丝巾等其他饰物替代，以体现女员工的阴柔之美。

2. 鞋袜

女员工穿着套装时应注意鞋袜的搭配。皮鞋一般以黑色为主，鞋跟不能太细太高，以方便工作为主，坡跟或半高跟正装皮鞋为好。如果穿着浅色套装也可以选用浅色皮鞋，但要注意皮鞋和服装的色彩要和谐美观。穿深色套装时可配穿深色或浅色丝袜，穿浅色套装时则应配穿浅色丝袜，且丝袜一般选用无图案的。裙装应配连裤袜，裤装可以配短袜，注意袜口不能暴露在外，不能出现"三截腿"，也不能有破损。

3. 饰物

酒店女员工在工作中穿着套装时，应按要求化妆，并选戴适当的饰物，以体现完整、优美的职业形象。但饰物的选用以少为佳，以不妨碍工作为前提，做到得体、大方、美观，一般不宜佩戴珠宝饰品，也不宜佩戴工艺饰品，只允许戴简单大方的耳钉、结婚戒指、手表等。

（二）其他制服穿着规范

由于工作的需要，酒店有些工作岗位的女员工无须穿着正装，只要穿着符合岗位性质的制服即可。在穿着其他制服时，与男员工一样，应做到服装干净无污渍，无异味，熨烫平整，勤换勤洗；无绽线、无破损、无掉扣；鞋袜搭配合理，经常刷洗，保持洁净，皮鞋要光亮，布鞋不能有破损；切忌为赶时髦而穿彩色、网状或有图案的丝袜，袜口不可露在裙子外面，丝袜有跳丝或破损的要立即更换；按规定佩戴名牌，不戴过多的饰物，如岗位需要还应戴好手套与帽子；等等。

酒店员工规范着装示范如图2—4所示。

图2—4　酒店员工规范着装示范

礼仪故事

"雾水"风波

某外商考察团来某旅游企业考察投资事宜，企业领导高度重视，亲自挑选了庆典公司的几位漂亮女模特来做接待工作，并特别指示她们身着紧身上衣、黑色短皮裙，领导说这样才能显出对外商的重视。但上午与外商考察团见了面，还没有座谈，外商就找借口匆匆走了，该旅游企业工作人员被弄得一头雾水。后来通过翻译才知道，外商通过接待人员的着装，认为这是一家工作及管理制度极不严谨的企业，完全没有合作的必要。原来，该企业接待人员在着装上犯了大忌。根据着装礼仪的要求，工作场合女性穿着紧身、薄透的服装是工作态度极不严谨的表现；另外，国外普遍认为黑色短皮裙是"街头女郎"的工作服，不能当正装来穿着，职业女性尤其要慎穿。

拓展知识

领带的系法

一、平结

平结（Plain Knot，见图 2—5）是选用最多的领带系法之一，几乎适用于所有材质的领带。完成后呈斜三角形，适合窄领衬衫。

要诀：图中宽边在左手边，也可换右手边系；在选择"男人的酒窝"（在领带的结头下形成小凹状）情况下，尽量让两边均匀且对称。

二、双环结

一条质地细致的领带搭配上双环结（Double Knot，见图 2—6）颇能营造时尚感。这一系法适合年轻的上班族选用。

要诀：该领带系法完成后的特色就是第一圈会稍露出第二圈之外，千万别刻意给盖住了。

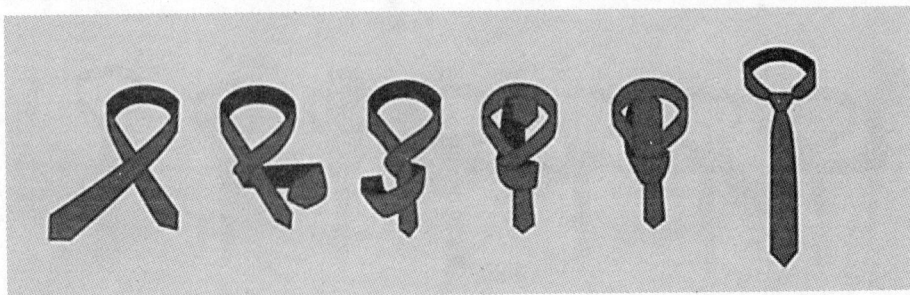

图 2—5 平结的系法

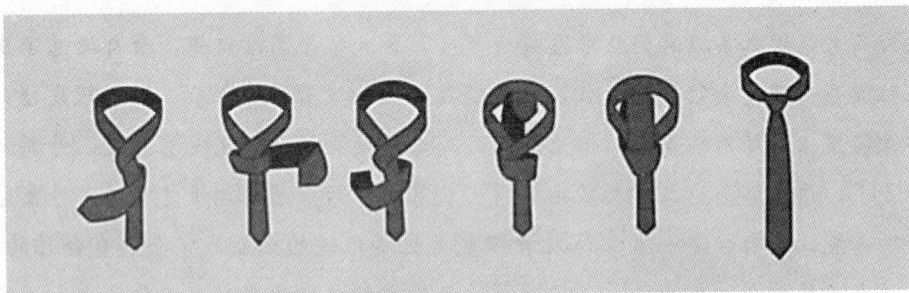

图 2—6 双环结的系法

三、交叉结

交叉结（Cross Knot，见图 2—7）的特点在于系出的结有一道分割线，适用于颜色素雅且质地较薄的领带，给人以时髦感。

要诀：注意按步骤系完领带是背面朝前，喜欢展现流行感的酒店服务人员不妨多加使用。

图 2—7 交叉结的系法

四、双交叉结

双交叉结（Double Cross Knot，见图 2—8）很容易体现高雅且隆重的气质，适合正式活动场合选用。该领带系法宜运用在素色的丝质领带上，若搭配大翻领的衬衫，不但适合，而且有种尊贵感。

要诀：宽边从第一圈与第二圈之间穿出，完成后的结充实、饱满。

五、温莎结

温莎结（Windsor Knot，见图 2—9）因温莎公爵而得名，是最正统的领带系法之

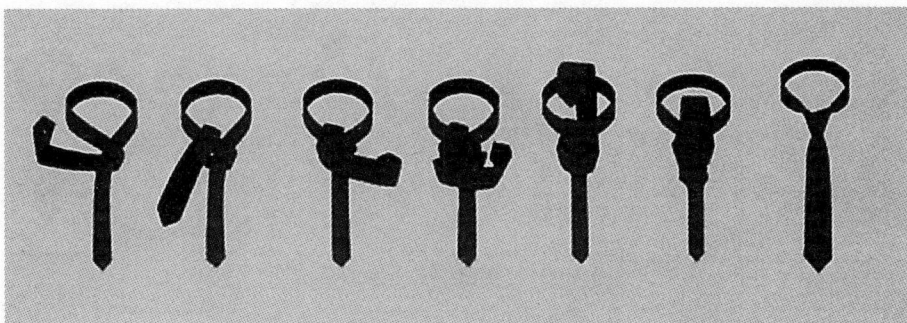

图2—8 双交叉结的系法

一。系出的结成正三角形，饱满有力，适合搭配宽领衬衫。温莎结应多往横向发展，避免材质过厚、集结过大。

要诀：宽边先预留较大的空间，绕带时的松紧会影响领带结的大小。

图2—9 温莎结的系法

六、半温莎结（十字结）

半温莎结（十字结）（Half-Windsor Knot，见图2—10）最适合搭配浪漫的尖领及标准式领口衬衣。半温莎结是一个形状对称的领带结，它看似步骤很多，做起来却不难，系好后的结通常位置很正。

要诀：使用细款领带较容易上手，适合不经常系领带的人。

图2—10 半温莎结的系法

七、亚伯特王子结

亚伯特王子结（The Prince Albert Knot，见图2—11）适用于浪漫扣领及尖领衬衫，搭配浪漫且质地柔软的细款领带。

要诀：宽边先预留较大的空间，并在绕第二圈时尽量贴合在一起，即可完成此完美结型。

图 2—11　亚伯特王子结的系法

八、四手结

四手结（The Four-In-Hand，见图 2—12）是所有领带结中最容易上手的，适用于各种款式的浪漫系列衬衫及领带。通过四个步骤就能完成打结，故名为"四手结"。它是最便捷的领带系法，适合宽度较窄的领带，搭配窄领衬衫，风格休闲，适用于一般场合。

要诀：类同平结。

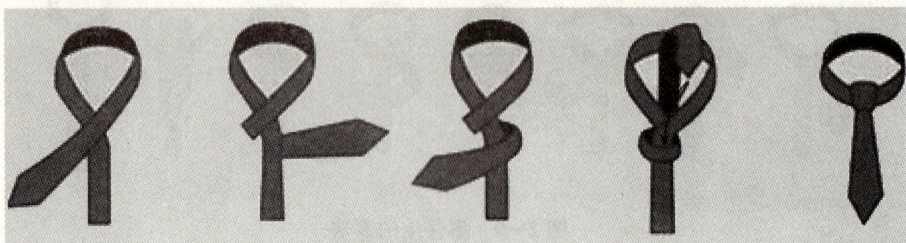

图 2—12　四手结的系法

九、简式结（马车夫结）

简式结（马车夫结）（The Simple Knot，见图 2—13）适用于质地较厚的领带，最适合系在标准式及扣式领口衬衫上。简单易打，非常适合在商务旅行时使用。其特点在于先将宽端以 180 度由上往下扭转，并将折叠处隐藏于后方完成打结。这种领带结非常紧，流行于 18 世纪末的英国马车夫中。完成后可再调整领带长度，在外出整装时方便快捷。

要诀：常见的马车夫结在所有领带的打法中最为简单，尤其适合厚面料的领带，不会造成领带结过于臃肿、累赘。

图 2—13　简式结的系法

丝巾的系法

一、小蝴蝶结

A. 丝巾类型：小方巾

B. 小技巧：

　　①因为要用长度较短的丝巾系出小巧的蝴蝶结，
　　所以第一个单结要系得稍微紧一些。

　　②作发带时，要留一点刘海在前面，让脸型不
　　至于过大，不适合方形脸和大圆脸。

C. 步骤：

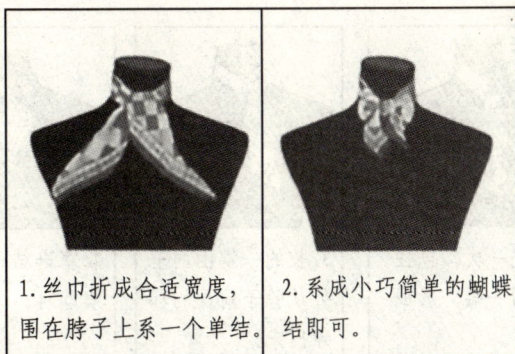

1. 丝巾折成合适宽度，围在脖子上系一个单结。

2. 系成小巧简单的蝴蝶结即可。

二、小平结

A. 丝巾类型：小方巾

B. 小技巧：

　　想给人留下鲜明的印象，最好不要
　　将丝巾折得过细，要把丝巾折得稍
　　微宽一些。

C. 步骤：

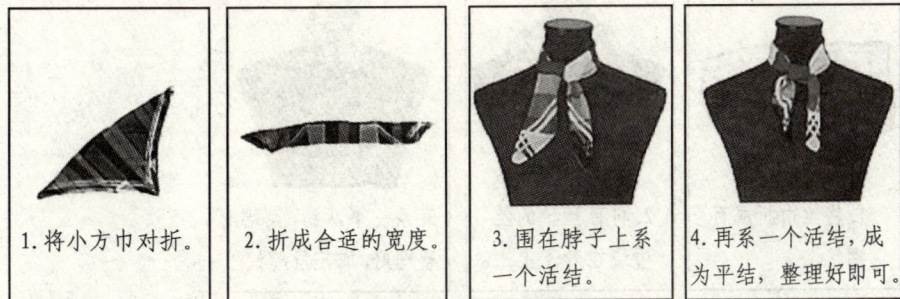

1. 将小方巾对折。

2. 折成合适的宽度。

3. 围在脖子上系一个活结。

4. 再系一个活结，成为平结，整理好即可。

三、小领带结

A.丝巾类型：小方巾

B.小技巧：

注意里侧应比外侧短1～2厘米，避免露出在外而影响整体美观。

C.步骤：

1.丝巾折成合适宽度，挂在脖子上，长的一端放在下面。	2.绕一次，包住短的一端，形成结眼。	3.长的一端由内至外从脖子前面的环穿出来。	4.塞进结眼，整理好即可。

四、花冠结

A.丝巾类型：小方巾

B.小技巧：

①最好选择色彩明艳带花边的丝巾，更能突出美感和青春气息。

②方巾折叠宽度可根据颈部比例而定，以达到最佳效果。

C.步骤：

1.将丝巾折成百褶状。	2.将百褶状的丝巾绕在脖子上。	3.系一个活结，两端整理好，成花冠形状。

五、心形结

A.丝巾类型：小方巾

B.小技巧：

　　①适合温婉的女士，用以搭配低领上衣。

　　②不适合圆脸的女士，不能与方领搭配。

C.步骤：

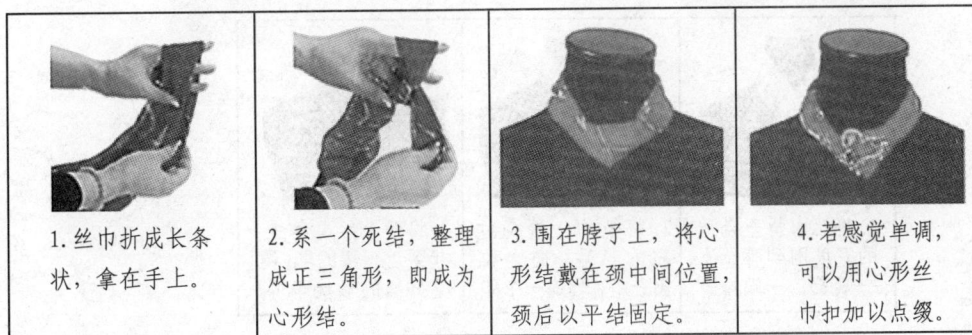

| 1.丝巾折成长条状，拿在手上。 | 2.系一个死结，整理成正三角形，即成为心形结。 | 3.围在脖子上，将心形结戴在颈中间位置，颈后以平结固定。 | 4.若感觉单调，可以用心形丝巾扣加以点缀。 |

六、蔷薇花结

A.丝巾类型：小方巾

B.小技巧：

　　①蔷薇花结方巾的材质不可太硬、太厚。

　　②适合颈部修长的女士，颈部较短的可以系在胸前。

　　③与V领上衣搭配时可柔化V领上衣的线条，选用鲜艳的丝巾更具女人味。

C.步骤：

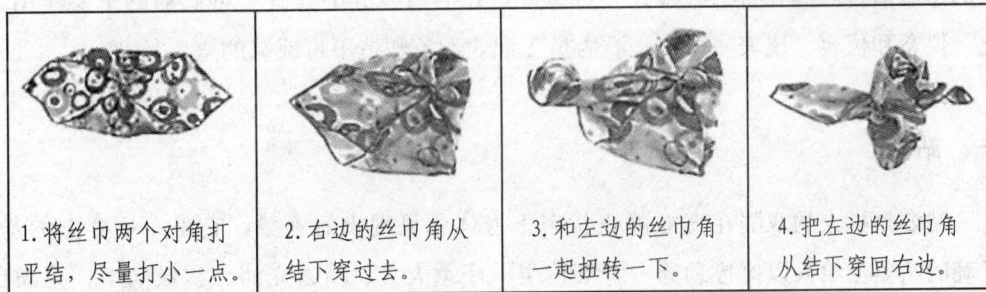

| 1.将丝巾两个对角打平结，尽量打小一点。 | 2.右边的丝巾角从结下穿过去。 | 3.和左边的丝巾角一起扭转一下。 | 4.把左边的丝巾角从结下穿回右边。 |

七、金鱼结

A.丝巾类型：小方巾
B.小技巧：

①选择带有镶边的轻薄、柔软的丝巾，微微翘起的丝巾角可以增加活力和动感。
②丝巾的尾端长度要对称，这会让造型看起来简单、利落。

C.步骤：

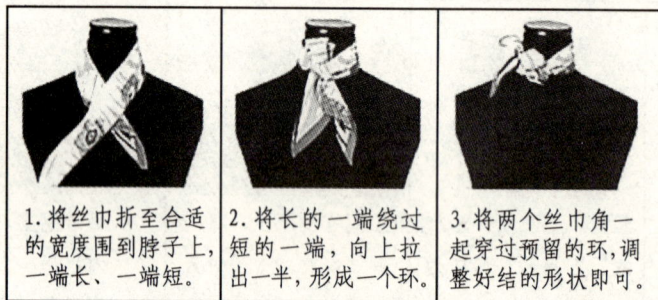

1.将丝巾折至合适的宽度围到脖子上，一端长、一端短。
2.将长的一端绕过短的一端，向上拉出一半，形成一个环。
3.将两个丝巾角一起穿过预留的环，调整好结的形状即可。

模块三　　仪　态

仪态是指人身体所呈现出来的姿态，包括站、坐、走、蹲等。美国心理学家艾伯特·梅拉比恩认为：信息的总效果＝7％的文字＋38％的言语＋55％的表情动作。而爱德华·霍尔也十分肯定地说："无声语言所显示的意义要比有声语言多得多。"体现在仪态上的体态语言因其独特的可视性、直接性，在酒店服务中具有不可低估的重要作用。因此，仪态和仪容、仪表一样，是酒店员工职业形象塑造不可或缺的重要环节。

一、站姿

站姿是指人的双腿在直立静止状态下身体所呈现出的姿势，它是一切姿态的基础。正确的站姿会给人以挺拔劲秀、舒展俊美、庄重大方、精力充沛、积极向上、充满自信等感觉。当然，男、女站姿应形成不同的风格，一般而言，男士站姿应刚毅俊朗、挺拔向上，给人以"劲"、"挺"的壮美感；女士站姿应亭亭玉立、高雅大方，给人以"静"、

"雅"的柔美感。站姿的总体要求是"站如松"，即站立时身体要像青松一样端正挺拔，要有直立感。

（一）基本站姿

基本站姿的具体动作要领：目平视，头放正，嘴微闭，面带微笑，颈直，下颌微收；肩平，挺胸，收腹，立腰；双臂自然下垂，虎口向前，手指自然弯曲，中指贴裤缝；脚跟靠拢，脚尖分开45°～60°，呈小八字开立，两腿用力，双膝并拢，收紧臀部，身体重心在两脚之间。

（二）服务站姿

酒店行业大部分岗位员工大多数时间都倡导站立服务。在服务过程中，员工的站姿是否规范、优美，不仅关系到员工个人的职业形象和酒店的整体形象，而且能够改善员工血液循环，有利呼吸，减轻疲劳。在酒店服务活动中，员工可以根据实际情况采用以下的站姿。

图2—14　垂手式站姿

1. 垂手式站姿

垂手式站姿与基本站姿大体相同，双手在体侧自然下垂。男士一般双脚分开与肩同宽，女士不宜双脚分开，可站成丁字步。垂手式站姿如图2—14所示。

2. 握手式站姿

在基本站姿的基础上，双手虎口交叉，右手在上握住左手的手指部分，使左手四指不外露，左右手大拇指内收在手心处，双手置于身前小腹部。右手放在左手上，表示谦恭、有礼，也方便为宾客提供服务。酒店女员工在服务场所采用此站姿，显得亲和、稳重、优雅；男员工如选用此站姿，左脚（右脚）应向左（向右）跨一步，两脚分开保持与肩同宽的距离，但身体重心仍在两脚之间，两手相握放在小腹部。实际工作中，此站姿一般女员工采用居多。握手式站姿如图2—15所示。

3. 背手式站姿

酒店员工在站立时也常采用背手式站姿。背手有双背手和单背手之分，一般男员工宜采用双背手，女员工宜采用单背手。双背手站姿：在基本站姿的基础上，双手在背后

图 2—15　握手式站姿

交叉，左手轻握住右手手指；若员工个子较高，也可用左手握住右手手腕；两脚可分开也可并拢，分开时，两脚距离不超过肩宽。这种姿势优美中略带威严，容易产生距离感。两脚并拢双手背后站立，则显得较谦恭，突出了对对方的尊重。单背手站姿：在基本站姿的基础上，一手背在背后，贴在臀部，另一手自然下垂，中指对准裤缝，两脚可以并拢也可以成丁字步（分为左丁字和右丁字，一只脚的脚跟靠于另一只脚内侧中间位置，使两脚尖展开成 90°），显得端庄、大方、优雅。背手式站姿如图 2—16 所示。

图 2—16　背手式站姿

（三）站姿的注意事项

酒店员工在站立时一定要正面面对宾客，切不可将背部对着宾客。在工作中，为了

52

维持较长时间的站立或稍稍休息，标准站姿的脚姿可稍作变化，如身体重心偏移到其中一只脚上，另一只脚稍曲以休息，然后轮换，但上身仍须挺直，伸出的脚不可太远，双脚不可叉开过大，变换不可过于频繁，膝部要注意伸直。不论站立时摆何种姿势，只有脚的姿势、角度和手的位置在变，而身体一定要保持绝对挺直，应避免躬背，给人以病态之感；不要双手叉腰及插入口袋，也不要双臂抱于胸前，使宾客觉得傲慢无礼；不要倚靠在其他物体上，这样会显得松懈、懒散。酒店员工应在日常生活中养成落落大方、自然得体、彬彬有礼的姿态、举止。

二、坐姿

坐姿就是一个人坐下来时的姿态。酒店工作中有些岗位可以坐着为宾客提供服务，比如酒店大堂副理接受宾客投诉或建议、商务中心文员为宾客打字、坐式服务的总台员工为宾客办理入住、退房等手续。酒店员工的坐姿应端庄稳重，即通常所说的"坐如钟"，给人文雅稳重、自然大方、安详舒适的美感。在酒店服务过程中有两点应明确：一是允许自己采用坐姿时才可以坐下；二是在服务对象面前就座必须自觉采用正确的坐姿。

（一）入座

入座时应讲究先后顺序，礼让尊长。正式场合遵守以右为尊的国际礼仪原则，通常应从左侧一方走向自己的座位，从左侧一方离开自己的座位。男士应主动为女士拉椅让座，酒店员工应主动为宾客提供服务。入座时一要做到轻稳，二要做到优雅。一般要求走到距离座位半步左右的地方提前站住，慢慢转身背对座位，右脚向后退半步，待腿部接触到座位边缘后，再轻稳地坐下；入座和调整坐姿时，应不慌不忙，轻稳无声；女士穿裙装入座时应将裙子向前拢一下再坐下，做到文静、娴雅；上身要尽量保持挺直。

（二）就座

就座时根据个人的实际情况，可以采用以下不同的坐姿。

1. 标准式坐姿

上身保持与基本站姿相同的姿态，做到目平，头正，颈直，颌收，肩平，挺胸，收腹，立腰，面带微笑；两臂自然弯曲内收，双手呈握指式，右手在上，手指自然弯曲放在膝上，或放在椅子、沙发扶手上；可以坐满椅子、沙发，但一般坐至 2/3 处为最佳；就座时女士双膝并拢，男士可双腿分开与肩同宽，小腿与地面垂直。标准式坐姿如图2—17所示。

图 2—17　标准式坐姿

2. 双腿斜放式坐姿

双腿斜放式坐姿也称侧点式坐姿，比较适合个子较高或穿裙子在低处就座的女士。个子较高或穿着裙子在较低沙发、椅子上就座的女士，若双脚垂直放置，膝盖可能会高过腰，较不雅观。这时最好采用双腿斜放式坐姿，即双腿并拢后，双脚同时向左侧或右侧斜放，与地面形成 45°左右的夹角。注意两膝不能分开，小腿之间也不要有缝隙。双手的摆放与标准式坐姿相同。双腿斜放式坐姿如图 2—18 所示。

图 2—18　双腿斜放式坐姿

3. 双腿叠放式坐姿

双腿叠放式坐姿适合穿短裙的女士在就座时采用。这种坐姿造型优雅、高贵大方。在基本坐姿的基础上，将双腿上下叠放，交叠后两腿之间不能留有缝隙。双脚的放置可根据座椅的高低来确定，可以垂直于地面，也可以与地面形成45°左右夹角斜放。叠在上面的脚尖应压向地面，不能翘起，更不能指向他人。采用这种坐姿，不能双手抱膝，更不能将两膝分开，双手的摆放与标准式坐姿相同。双腿叠放式坐姿如图2—19所示。

图2—19 双腿叠放式坐姿

（三）离座

离开座椅时，如果身边有人在座，应先向对方示意，再站起身来。和别人同时离座时要注意先后顺序：地位高于对方时可先离座，地位低于对方时应后离座，与他人身份相当时可同时离座。但为了体现对他人的尊重，酒店员工应养成礼让他人的习惯。起立时，先将右脚向前伸半步，双脚稍用力蹬地从座椅上站起来，右脚再后收半步，站稳后从左侧离开。整个过程动作要轻缓，不要弄响座椅，或将椅垫、椅罩等弄掉在地。

（四）坐姿的注意事项

酒店员工就座时应根据椅子的高低及有无扶手、靠背等，注意身体的自然协调，坐下后不要前仰后合、左右摇晃，避免"二郎腿"，不要抖腿，不要将脚底板对向他人，坐着交谈时要将身体略微转向宾客方向，正视宾客。

三、走姿

走姿就是人在行走时的姿态，也叫步态。走姿以人的站姿为基础，是站姿的延续动作，体现的是人的动态美。酒店员工在工作中离不开空间移动，离不开走动，因此走姿往往也是最引人注意的身体语言，最能表现一个人的风度和活力。

（一）走姿的基本要领

古人说"行如风"，指的是在行走时行动敏捷、轻盈，如行云流水般自然、得体。酒店员工在走动时应做到轻巧稳健、从容大方、协调优美。一般男员工应做到步伐雄健有力、潇洒豪迈，展现阳刚之美；女员工的步伐则应轻盈、含蓄，显示阴柔之姿。行走时头放正，双目平视前方，下颌微收，面带微笑，上身挺直，挺胸收腹，重心可以适当前移；肩臂自然放松，手指自然弯曲，两臂自然下垂，手心向内，手臂以身体为中心前后摆动，摆幅不超过30°，前后摆幅为30～40厘米。手臂摆动时应以肩关节为轴，大臂带动小臂向前，手臂要摆成直线，肘关节略微弯曲，小臂不要向上甩动。

（二）优美走姿的三要素

走路姿势是否优美，一般取决于步幅、步位和步速这三个要素。

1. 步幅

步幅也称步度，是指行走时两脚之间的距离，即一脚踩出落地后，脚后跟离未踩出一脚脚尖的距离。步幅的一般标准是一个至一个半脚长，一般的人步幅为一个脚长，身材高大者步幅可以至一个半脚长。

2. 步位

步位是指行走时脚落在地上的位置。走路时最好的步位是脚印内侧基本落在同一条线上，而不是成平行线。

3. 步速

步速是指行走的速度。男士每分钟108～110步、女士每分钟118～120步为宜。如遇紧急情况，可以加快步速，但在酒店服务过程中不宜奔跑；如果要超越前行者，应先道歉并快速通过。行走时应使用腰力，在下肢有节奏运动的同时保持上身的稳定，出步、落地脚尖朝前，双眼平视，抬头挺胸，就能确保走姿的优雅，体现个人的风度。

（三）走姿的注意事项

酒店员工在行走中还应注意以下问题。

1. 正确引领

酒店员工引领宾客一起前行时，应走侧行步，即在宾客侧前方 1 米左右处，髋部朝前行的方向，上身稍微侧向宾客，一般保持 45°左右的角度，可边走边向宾客介绍，并配以手势的运用。上楼时应让宾客走在前面，下楼时应走在宾客的前面，上下楼时与宾客均保持一两个台阶的距离；在通道等场合，如遇宾客、领导等，都应主动站立在一旁，以手示意，让其先走。

2. 有序进出电梯

酒店员工一般要求乘坐专门的员工电梯，不可以使用客用电梯。如果需要为宾客提供服务，应注意电梯乘坐的礼仪规范。有人控制的电梯，乘坐时应让宾客先进先出，员工后进后出，把选择电梯行进方向的权利让给宾客。无人控制的电梯，酒店员工员应先进后出，做好按按钮、开门、控制开关等服务工作。

3. 注意安全

酒店员工在上、下楼梯时，要注意挺直身体，不要弯腰弓背、手撑大腿，要一个台阶一个台阶上、下楼梯，不能一步踏两三级楼梯；遇到尊者、宾客时，应主动将靠墙等安全的一边让出；前方有岔口时，必须走在第一位；遇到紧急情况时，可加快步伐，快步走动，但不能把危险留给宾客，不能惊慌失措，更不能临阵脱逃。

4. 注意禁忌

酒店员工在行走时不要把手插在裤袋里，也不要自顾自闷头走路；除非遇到障碍物，不能忽左忽右方向不定；不能用力过猛，不能拖泥带水脚不离地，不能走内、外八字，摇头晃脑、低头驼背、左顾右盼、瞻前顾后、扭腰摆臀等；行走时应辅以一定的面部表情，遇到宾客或同事应主动招呼、问候。

5. 礼貌道别

与人告别时，酒店员工应采用后退步，即先向后退两到三步，然后转身离开。转体时要先转身，头应稍后再转，步幅不宜过大。

四、蹲姿

酒店员工在服务过程中，有时需要拿取低处的物品或拾起落在地上的物品，需要正确使用蹲姿。

（一）蹲姿的基本要领

走到要捡或拿的物品旁边，屈膝蹲下拿取物品，应尽量保持脊背的挺直，不能弯腰撅臀，臀部应向下，两腿合力支撑身体，下蹲时注意掌控好身体的重心，不能过急、过快。

（二）蹲姿的类型

1. 高低式蹲姿

一般情况下，酒店服务人员采用高低式蹲姿较多，该蹲姿对男员工来说尤其方便。下蹲时，左脚在前，右脚稍后，不重叠，左脚完全着地，小腿基本垂直于地面，右脚脚掌着地，脚跟提起，右膝须低于左膝，右膝内侧可靠于左小腿的内侧，形成左膝高、右膝低的姿态（女员工应并拢双腿，男员工双腿则可适当分开），臀部向下，身体形成两个重心，即腰部和右大腿，应以右腿来支撑身体。高低式蹲姿如图2—20所示。

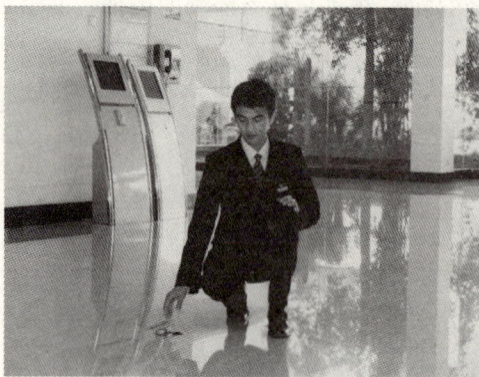

图2—20　高低式蹲姿

2. 交叉式蹲姿

交叉式蹲姿通常适用于女士，尤其适用于穿短裙的女士。基本特征是蹲下后双腿交叉在一起：下蹲时，右脚在前在上，左脚在后在下，两腿交叉重叠，左膝由后下方伸向右侧，右小腿垂直于地面，全脚着地，左脚掌着地脚跟抬起，臀部向下，上身略向前倾，两腿前后靠紧，合力支撑身体。交叉式蹲姿如图2—21所示。

图2—21　交叉式蹲姿

（三）蹲姿的注意事项

在服务过程中要特别注意不要突然下蹲，要察看周围情况。蹲下来的时候速度不要过快。下蹲时应和身边的人保持一定距离，最好和他人侧身相向，避免面对或背对他人下蹲。在与他人同时下蹲时，更要注意彼此距离，以防"迎头相撞"或发生其他误会。

五、其他姿态

（一）手势

手是人体最富灵性的器官，被称为"心灵的触角"，是人的"第二双眼睛"。手势是指通过手臂挥动、手掌摆动和手指弯曲来表达语义和传播信息的一种态势，它是传递信息最有效的方式，在酒店服务工作中运用极为普遍和频繁。得体、适度的手势不仅能给宾客以肯定、明确的信息和优雅、大方的感觉，还能表现出对宾客的尊重和欢迎。

1. 手势的基本要领

手势的基本要领：四指并拢、大拇指自然向里靠，掌心向上，手掌与前臂成一条直线，肘关节自然弯曲。做手势时应用右手或双手，一般不能单独用左手，掌心不能向下，不能握紧拳头等，要遵循"欲扬先抑、欲上先下、欲左先右"的原则，手势不能过大、过多。

2. 手势的类型

酒店服务中常用的手势有以下几种。

（1）横摆式。这是在迎接宾客表示"请进"、"请"等常用的谦让礼或为他人介绍时常用的手势。动作要领是：根据手势的基本要领，从腹部之前抬起，以肘为轴向一旁摆出，到腰部并与身体正面成45°时停止；头部和上身微向伸手一侧倾斜，另一只手下垂或放在背后；目视宾客，面带微笑，表现出对宾客的尊重、欢迎，同时加上礼貌用语，如"请跟我来"、"里边请"、"这边请"等。

（2）斜摆式。请宾客入座时，手势应摆向斜下方并指向座位。动作要领是：手要先从身体的一侧抬起，到高于腰部后，再向下摆动到距离身体45°处，手臂向下形成一条斜线，并向来宾微笑点头示意。

（3）直臂式。需要给宾客指引行进方向或做"请往前走"手势时，可采用直臂式手势。动作要领是：手掌自然伸直，掌心斜向上方，手指并拢，拇指自然稍微分开，手腕与手臂成一直线，将右手由前抬至与肩同高的位置，前臂伸直，倾斜角度不超过15°，用手指向宾客要去的方向；指示方向后，手臂不可马上放下，要保持手势顺势送出几步，体现出对宾客的关怀和尊重。

（4）双臂侧摆式。当举行重大庆典活动，接待众多来宾做"诸位请"手势或指示方向时，可采用双臂侧摆式手势。动作要领是：服务人员面向来宾，将双手由前抬起到腹部，再向左侧或右侧摆到身体的侧前方；指向前进方向一侧的手臂应抬高一些、伸直一些，另一只手则应稍低一些、弯曲一些。

（5）双臂横摆式。当示意"请起立"、"大家请"时，可采用双臂横摆式手势。双臂从身体两侧抬起，至大臂与身体形成45°夹角，手掌自然伸直，掌心向上，手指并拢，拇指自然稍微分开。

此外，为宾客指示方向可采用曲臂式手势，为宾客提醒事情时可采用提醒手势，向宗教人士介绍自己时可采用自谦的手势。

3. 手势的注意事项

为避免产生负面影响，任何情况下酒店员工使用手势时，应给人庄重含蓄、彬彬有礼、自然优雅及规范舒适的感觉。具体应注意以下几点：一要遵循规范，尽量采用约定俗成的手势语言，不要别出心裁、标新立异，以免引起误会与歧义；二要灵活多变，充分收集服务对象的信息资料，了解不同服务对象的文化差异，掌握多种手势，在实践中有针对性地加以综合运用；三要使用恰当，避免手势在使用过程中幅度过小、过大或使用过滥，影响信息的传递效果；四要注意避讳，杜绝形状不雅、含义粗俗的手势。

（二）表情

人都有自己的思想感情，表情就是人们思想感情在面部的主要表现，它主要通过眉、眼、鼻、口的动作引起面部肌肉的舒张和收缩来表现思想感情。面部表情超越了地域文化的界限，成为一种"世界性"语言，在全世界几乎可以通用，而其他举止则做不到这一点。面部表情主要包括眼神和微笑。

1. 眼神

人们常说，"眼睛是心灵的窗户"。眼神是面部表情的核心，透过眼睛这扇窗户，可观察到人们心灵深处的各种情感。相对于其他体态，目光是一种更复杂、更微妙且更富表现力的体态语言。酒店员工与宾客之间大多是通过"视觉交往"的面对面互动，因此要懂得合理、恰当地运用眼神来表达情感，促进双方的有效沟通。眼神的运用包括目光要求、注视方位、注视区域、注视时间等方面。

（1）目光要求。酒店员工的目光，应该做到和蔼可亲、安详宁静、坦荡端正、炯炯有神，让宾客感到温暖、舒服、顺眼，产生信赖感，从而愿意与其接近交流。同时，酒店员工也要学会从宾客的眼神中读取信息，根据其眼球的转动、眼皮的张合、视线的转移速度和方向、眼与头部动作的配合等细节来判断其真正所需的服务。

（2）注视方位。不同的注视方位表达不同的含义。一般情况下，仰视即抬眼向上注视他人，表示注视者主动居于低位，以示对对方的尊重；俯视即抬眼向下注视他人，表示注视者居于高位，如果是长辈使用这种视角，可以表示对晚辈的宽容、怜爱，如果是平辈或平级之间使用，则表示对他人的蔑视、轻视；平视即视线呈水平状态，表示相互之间的尊重、平等、友好等。酒店员工在服务工作中，其目光应以正视方式接触宾客，传达亲切、友善、平等、自信、坦诚、认真、理智、庄重、谦和等信息。

（3）注视区域。在人际沟通中，运用眼神要注意根据双方关系的亲密程度、语境、场合来确定视线停留的部位。视线停留一般有三个不同区域：一是两眼与额头之间的三角区域，这个区域被称为严肃注视区域，当有公务或其他正事要商谈时，采用此注视区域比较合适；二是两眼与嘴部之间的三角区域，这个区域被称为社交区域，酒店员工在面对宾客时，应注视对方的这个区域，它传达的是一种礼貌、友好、庄重的信息；三是两眼与胸部之间的三角区域，这个区域被称为亲密注视区域，在酒店服务场合，员工与宾客的交流不适宜采用这种注视区域。如果服务过程中需要和宾客进行深层次交流，如接受投诉、表达谢意等，目光以聚焦为佳；如果与宾客只是进行浅层次交流，如日常寒暄、问候等，目光则以散射为宜。

（4）注视时间。根据调查，酒店员工与宾客交流时，双方视线接触的时间占全部时间的 40％左右比较合适。如果时间过长，超过 60％，会令对方局促不安，是一种失礼行为；如果时间过短，少于 20％，会使宾客觉得服务者心不在焉，自己不被重视。此外，也不能总盯着一个人，更不能总盯着一个人的眼睛，尤其是异性，因为这会使人反感或不自在。

2. 微笑

俗话说得好，"一笑泯恩仇"。微笑表达出尊重、谦恭、友善等情感因素，是向他人发出理解、信任、宽容等信号，是人际交往的"润滑剂"。微笑是酒店行业的一条基本服务准则，酒店员工在服务工作中保持微笑，可以美化本人的职业形象，说明他（她）热爱本职工作，乐于恪尽职守，拥有良好的职业素养，也表明他（她）的真情实意、善良友好，有利于创造和谐融洽的气氛，让服务对象倍感温暖、愉快。因此，微笑是酒店员工最有利的表情武器之一，被视为"拨动宾客心弦的最美好的语言"。

（1）微笑的基本要求。微笑的作用虽然很大，但必须注意礼仪要求。微笑通常要由眼神、眉毛、嘴巴、表情等方面协调完成。微笑时，眉毛舒展，眼睛微眯，略启上唇，面部两侧笑肌适当收缩且咀嚼肌放松，嘴角上翘，露出八颗牙齿，嘴唇略呈弧形，气息平缓地从胸腔吐出，在不牵动鼻子、不发出声音、不露出牙龈的前提下，面含笑意。微笑展示如图 2—22 所示。

图 2—22　微笑展示

（2）微笑的注意事项。

1）发自内心。微笑的真谛是发自内心，即应当是内心真、善、美的自然流露。酒店员工表现自己心灵之美的微笑，应温柔友善、自然亲切、恰到好处，给人以愉快、舒适、甜美的好感。

2）表现和谐。从直观上看，微笑是人们的眉、眼、鼻、口、齿及面部肌肉和声音所进行的协调性活动，必须做到四个结合：口眼结合、笑神结合、笑语结合、笑形结合。

3）始终如一。情绪的波动、客观环境的变化会影响微笑的效果。为保证酒店服务工作的良好效应，微笑应贯穿服务工作的全过程及各环节，做到五个一样：领导在与不在一样，男女老少一样，内宾与外宾一样，本地人与外地人一样，生人与熟人一样。

4）注意禁忌。酒店员工在工作中杜绝呆板敷衍的傻笑、皮笑肉不笑的假笑、嗤之以鼻的冷笑、幸灾乐祸的嘲笑和卑躬屈膝的媚笑等。

（三）服务距离

社会学和心理学的相关研究表明，每个人都有属于自身的人际空间距离和心理距离。在拥挤的环境中，每个人的个人空间是 0.6～0.8 平方米；在不拥挤的环境中，个人空间会扩大到 1 平方米。与他人距离的远近也传递着一些信息。在酒店工作中，员工应与服务对象保持合适的距离，以免造成不必要的尴尬和麻烦。根据双方距离的远近，人与人之间的距离可以分为以下四种。

1. 亲密距离

亲密距离是指距离在 0～46 厘米的区域，一般适用于亲人、恋人和密友之间。宾客对亲密距离十分敏感，普通人随便进入会招来强烈反感。酒店员工与宾客之间的关系是服务和被服务的关系，因此不要轻易进入亲密距离。尤其是在接待外宾时，酒店员工更不能随便触碰宾客的身体。

2. 私人距离

私人距离也称交际距离，是指距离在46～122厘米的区域，双方很少或无肢体接触。宾客对于进入私人距离没有太多厌恶、不太反感，但还有一定保留。酒店员工大多数情况下均采取此距离。酒店员工获准进入宾客私人距离的时间长短与其工作质量密切相关，越早赢得宾客的认可和好感，就越能尽快进入其私人距离。

3. 社交距离

社交距离也叫尊重距离，是指距离在122～360厘米的区域，适用于感情基础薄弱且交情尚浅、长辈与晚辈及上级与下级的交际双方。宾客与酒店员工接触之初，对员工的认识仅仅是知道其身份，对其服务水平、工作能力等尚处于观望状态，这时便会不自觉地选择此距离。因此，酒店员工应当努力树立良好的职业形象，塑造独特的个人魅力，展示娴熟的业务技能，尽快熟悉并缩短与宾客之间的距离。

4. 公众距离

公众距离也称有距离的距离，是指距离在360厘米以上的区域。这是双方毫无关系或关系破裂的常见距离。酒店员工要避免与宾客处于此距离，即使与宾客发生不快也不要刻意躲避，而应主动与宾客修复关系，重新拉近彼此间的距离。

礼仪故事

"总统"的仪态

曾任美国总统的老布什，能够坐上总统宝座，成为美国"第一公民"，与其仪态表现分不开。1988年的总统选举中，布什的对手杜卡基斯猛烈抨击布什是里根的影子，没有独立政见。布什在选民眼中的形象也的确不佳，民意测验中一度落后于杜卡基斯10多个百分点。未料两个月后，布什以光彩照人的形象扭转劣势，反而领先10多个百分点，创造了奇迹。原来布什有个小毛病，他的演讲不太好，噪音又尖又细，手势及手臂动作总显得死板，身体动作不优美。后来布什接受了专家指导，纠正了尖细噪音、生硬手势和不够灵活的摆臂动作，拥有了新颖、独特的魅力。在后来的竞选中，布什竭力表现出强烈的自我意识，配以卡其布蓝色条子厚衬衫，显示"平民化"，改变了人们对其的评价，获得了最后胜利。

拓展知识

观仪态知心理

观站姿知个性

站立得笔直如雕像般的人，个性刚强、外向、内心火热，但由于直言直语，有时会得罪人；站立时肩膀一高一低的人，大多比较"小气"，且报复心理极强；站立时两脚叉得很开的人，表现得极有优越感，其实其内心十分彷徨；站立时喜欢将双臂抱在胸前的人，内心缺乏安全感，总在防御着什么；那些喜欢站立时将双手"藏"入口袋的人，对前途毫无信心，总是找不到人生方向；站立时低着头的人，大多较有思考能力，但心事较多。

据坐姿析心理

在椅子上深坐且姿势很放松的人，有居高临下的心理；只坐椅子的一小部分且上身向前倾的人，对对方很有好感；坐在椅子上动来动去的人，内心很不安定，毫无安全感；坐在椅子上跷起二郎腿的人，有对抗意识和优越感；坐在椅子上用脚尖打拍子的人，大多随遇而安、适应性强；坐在沙发上喜欢脱鞋盘腿的人，比较自私，一般听不进别人的话；坐在椅子上将双手放在椅背上的人，比较拘谨；坐在椅子上喜欢双手交叉枕于脑后的人，热情且乐于助人。

从走姿判性格

走起路来沉稳有力的人，个性稳健，行事也大多安全、可靠；走起路来半身无力、步伐沉重的人，精神不安定，心事重重；低头走路的人，大多对现实不满，满腹牢骚；有跳跃式步伐的人，内心焦躁，难有成就；边走路边东张西望的人，猜疑心和嫉妒心很强，朋友较多却无知交；走路匆匆忙忙、脚步声很大的人，比较热心助人，性格乐观；走起路来爱扭动腰身的人，大多虚荣心极强，十分重视物质；走路时抬头看天的人，城府很深，防范心理极强；走路时背着双手的人，内心平静，但一般不轻易相信别人；走路弯着腰的人，对前途茫然无措，心里封闭。

不同手势的含义

不同国家、不同地区、不同民族，由于文化习俗的不同，用不同的手势表达不同的含义，甚至同一手势也有不同的意思。酒店员工应了解不同手势的含义，并在职业活动中熟练运用。

OK 手势

OK 手势在美国表示"满意"、"好"或"平安"，在法国南部意味着"零"或"一无所有"，在巴西、俄罗斯、土耳其、突尼斯及地中海沿岸国家表示侮辱，在马耳他表示无声的咒骂，在日本则表示"钱"。

V 手势

用右手的食指和中指构成的 V 形手势，在英、美等国，掌心向外是"胜利"、"成功"的意思，掌心向内则有伤风败俗的含义；在非洲国家，这种手势一般表示两样东西或两件事情；在中国，这种手势一般表示胜利、成功。

竖大拇指

在中国，竖大拇指通常表示高度的赞赏、夸奖，有很好、了不起等意思；在美国、英国、澳大利亚、新西兰等国，竖大拇指是示意搭车的手势，是一种善意的信号；在德国，竖大拇指表示数字1；英美人士习惯将两个大拇指不停地有规律地互相绕转以表示自己目前无所事事、无聊至极；在希腊，急剧竖起大拇指，表示要对方滚蛋；在日本，女士向男士伸出大拇指是在问对方是否有女朋友，男士向女士伸出大拇指是指邀请她出去玩；在澳大利亚，横着大拇指表示侮辱。西方人还常以大拇指指尖向下表示"坏"、"不好"或"差"。和别人谈话时将拇指翘起来反向指向第三者，即以拇指指腹的反面指向除交谈者之外的另一人，是对第三者的嘲讽。

掌心向下，手指向内勾动

掌心向下，手指向内勾动的手势，在中国、日本表示招呼别人过来，在美国则表示招呼小动物，在酒店服务过程中，尽量不要使用这一手势，以免引起误解和不快。

▶ **能力训练与思考**

一、发型设计

（一）训练时间

1 课时。

（二）训练目的

能根据脸型特征设计适合自身特点和职业需求的发型。

（三）训练要求

1. 能分析自己的脸型特征；

2. 能判断自己的发质，选择合适的洗发、护发用品；

3. 能设计适合自身特点和职业要求的发型。

（四）训练步骤

1. 发质分析：

要求学生分析、判断自己的发质，并据此选择合适的洗发、护发用品。（这部分可以要求学生提前做好，以书面结果的形式交给授课老师，以节约课堂时间。）

2. 训练准备：

准备好梳子、发卡、发带、发饰等物品。

3. 发型设计打理：

（1）先由学生对自己的发型进行设计、打理；

（2）结束后将学生分成两人一组，相互评价，然后由教师点评，指出需要改进的地方及改进的方法。

二、职业妆化妆

（一）训练时间

2 课时。

（二）训练目的

掌握皮肤护理和化妆的基本方法和技巧。

（三）训练要求

1. 掌握皮肤测试的基本方法；

2. 掌握皮肤护理的基本程序和方法；

3. 能根据职业岗位的要求化好淡妆。

（四）训练步骤

1. 皮肤测试：

要求在早晨起床后进行，学生根据测试结果得出各自的皮肤类型。

2. 训练准备：

准备好小脸盆、小毛巾、纸巾、棉球、洗面奶、化妆水、乳液、粉底霜（液）、胭脂（腮红）、眼影、眼线笔、眉笔、口红等。

3. 化妆训练：

（1）由教师选一名学生作为模特，按职业妆的步骤和要求进行化妆操作示范，同时进行讲解；

（2）由学生按照"洁面→护肤→打粉底→眉毛→眼睛（眼影、眼线、睫毛）→胭脂（腮红）→唇部→颈部→定妆"的步骤进行练习；

（3）教师在一旁对学生的操作进行纠正、辅导；

（4）化妆结束后先由学生自我评价，然后由教师点评。

三、领带与丝巾的系法

（一）训练时间

1课时。

（二）训练目的

男、女学生分别学会领带和丝巾的系法。

（三）训练要求

1. 能根据工作岗位的要求和服装的特点选用领带、丝巾；

2. 会系领带、丝巾，达到酒店服务人员仪表规范要求。

（四）训练步骤

1. 由学生自带领带、丝巾（可以多准备几种款式）；

2. 教师按"讲解→示范→学生练习→教师辅导"的程序，分别进行系领带和丝巾的练习；

3. 每位学生系好领带或丝巾，由教师打分和点评，指出练习过程中的优点和存在的不足，并帮助学生分析原因、告知改进的方法与技巧。

四、职业服饰选择与搭配

（一）训练时间

1课时。

（二）训练目的

男、女学生能根据工作岗位特点合理选择、搭配服饰。

（三）训练要求

1. 能分析酒店不同部门、不同岗位的仪表要求；

2. 掌握不同岗位服饰选择、搭配的基本思路与方法；

3. 能根据岗位特点选择服装并合理搭配。

（四）训练步骤

1. 训练准备：

（1）准备好多套男士西装、女士套装、职业工装、鞋、袜、领带、丝巾、胸针、名牌等物品；

（2）将全班学生分组，每组5～7人，每组设定为某一工作岗位。

2. 学生根据设定的工作岗位选择、搭配服饰（每组选一名同学做模特）。

3. 各组介绍本组服饰选配的思路与技巧。

4. 教师和其他小组同学一起对该组的训练结果进行评分。

5. 由教师进行最后点评。

五、站姿、微笑训练

（一）训练时间

1 课时。

（二）训练目的

能塑造符合酒店岗位要求、合乎礼仪规范的仪态。

（三）训练要求

1. 明确站姿、坐姿、走姿、蹲姿、微笑的基本要求及具体规范；

2. 能根据服务对象、工作场合正确站立、微笑。

（四）训练步骤

1. 标准站姿训练：

（1）教师讲解标准站姿的动作要领，并进行现场示范。

（2）学生练习。

第一步，靠墙站立练习。要求后脑勺、背、臀、脚后跟紧贴墙壁，腰直、腿直，腰和墙之间的距离不能太大，最多只能容许侧放自己的一只手，两小腿之间夹一张纸，头顶一本书，保证纸和头顶的书不掉到地上。

第二步，背靠背站立练习。两位同学一组，背靠背站立，脚跟、脚肚、臀部、双肩和后脑勺贴紧。两小腿之间夹一张纸，头顶一本书，保证纸和头顶的书不掉到地上。

第三步，单独站立练习。每位同学按标准站姿的基本要求单独站立，两小腿之间夹一张纸，头顶一本书，保证纸和头顶的书不掉到地上。

（3）学生站立练习时，教师在一旁纠正、指导。

（4）学生总结训练的感受和体会，指出掌握标准站姿动作要领的难点和重点。

（5）推选表现最佳者展示站姿风采。

（6）教师对训练情况进行点评。

2. 其他站姿的训练：

模拟不同场景，严格按照操作标准，协调脸部表情，着重练习垂手式、握手式、背手式站姿。

3. 在站姿训练的同时进行微笑训练。

六、走姿、微笑训练

（一）训练时间

1 课时。

（二）训练目的

能塑造符合酒店岗位要求、合乎礼仪规范的仪态。

（三）训练要求

1. 明确走姿、微笑的基本要求及具体规范；

2. 能根据工作场合、岗位要求正确行走、微笑。

（四）训练步骤

1. 标准走姿训练：

（1）教师讲解标准走姿的动作要领，并进行现场示范；

（2）学生练习：在地上用粉笔画一条直线，行走时双脚内侧稍稍碰到这条线，配上节奏明快的音乐，训练行走的节奏感；

（3）学生进行行走练习时，教师在一旁纠正、指导；

（4）学生总结训练的感受和体会，指出掌握标准走姿动作要领的难点和重点；

（5）推选表现最佳者展示走姿风采；

（6）教师对训练情况进行点评。

2. 其他走姿的训练：

根据酒店不同岗位的要求并结合相应的手势进行走姿训练。

3. 在走姿训练的同时进行微笑训练。

七、坐姿、手势训练

（一）训练时间

1课时。

（二）训练目的

能塑造符合酒店岗位要求、合乎礼仪规范的仪态。

（三）训练要求

1. 明确坐姿、手势的基本要求及具体规范；

2. 能根据要求正确就座、使用各种手势，体现酒店员工的仪态礼仪。

（四）训练步骤

1. 教师讲解坐姿、手势的动作要领，并进行现场示范；

2. 学生两人一组进行组合练习，一位练习坐姿，一位练习手势；

3. 学生练习时，教师在一旁纠正、指导；

4. 学生总结训练的感受和体会，指出掌握坐姿动作要领的难点和重点；

5. 推选表现最佳组合展示坐姿和手势使用风采；

6. 教师对训练情况进行点评。

八、仪态综合训练

（一）训练时间

2课时。

（二）训练目的

能塑造符合酒店岗位要求、合乎礼仪规范的仪态。

（三）训练要求

1. 明确站、坐、走、蹲、手势等姿势和表情的基本要求及具体规范；

2. 能根据情景和场合采用正确的姿势和表情，体现符合身份特征的仪态礼仪。

（四）训练步骤

1. 学生两人一组进行情景模拟练习，一位扮演酒店员工，一位扮演宾客，从初次见面到引领入座的整个过程中综合运用正确的姿势和表情；

2. 学生练习时，教师和其他同学在一旁观察、记录、考评打分；

3. 先由学生对结对小组进行总结考评，后由教师进行点评，指出优点和不足之处；

4. 推选表现最佳组合进行展示表演；

5. 教师对训练情况进行点评。

项目三 语言艺术——高效畅通的
沟通技巧

学习目标

知识目标

- 了解酒店服务语言的特点及礼仪规范；
- 理解在与宾客交谈过程中，认真倾听、三思后言、表达得体的重要性；
- 掌握酒店礼貌用语的运用技巧，并能因人因景灵活应对。

素质与能力目标

- 酒店服务人员每天面对的事情、宾客千差万别、无法预料，有些情况的处理无法事前规定，这就要求其能够与宾客进行有效的沟通。通过熟练使用礼貌用语和表达技巧，能在沟通过程中恰到好处地向宾客表达尊敬、友好之情。

　　语言是人际交往的工具，是人们表达意愿、交流情感的重要媒介或符号。酒店服务人员的职业特性决定着他们的工作始终处于社会和人际交往的最前沿。礼敬得人，轻慢失人。文明礼貌、规范得体的沟通会使人际交往变得顺畅，拉近人与人之间的距离，使人际关系变得和谐、融洽。

　　中国自古就有"君子不失色于人，不失口于人"的箴言，君子待人接物应该彬彬有礼，不可态度粗鲁，也不能出言不逊。语言礼仪能准确反映一个人的道德修养，酒店服务人员在工作中恰到好处地使用礼貌用语，讲究服务语言的艺术，既代表个人的亲切、友好与善意，也能够传达对宾客的尊重，展示酒店的服务风格和管理水准。

模块一　基本要求

一、服务语言的特点

　　服务语言是典型的职业用语，体现了礼貌、提供服务的双重特性。俗话说，"良言一句三冬暖，恶语伤人六月寒"。良好的语言能力是对酒店服务人员的基本要求。从欢迎到送别，语言贯穿于服务的全过程。酒店服务人员一定要真正理解服务语言的礼仪内涵及特点，在工作中自觉运用，形成良好的职业习惯和职业修养。不仅要掌握语言的组织及运用，还要懂得服务语言礼仪，以体现对宾客的尊重与友好。学会用语言的"美"吸引人，以语言的"礼"说服人，注重谈吐，讲究说话的艺术和交谈的技巧。

具体来说，服务语言具有以下四个特点。

（一）语言的准确性

语言表达力求发音清晰、语意完整、合乎语法，否则，即使你态度诚恳，但由于你表达不清、意思不明，同样会引起宾客的误解或不满。同时，应选择恰当的词语，尽可能使宾客听来觉得礼貌、文雅，避免粗俗感。酒店服务人员要将信息准确无误地传递给客人，应遵守一定原则。首先，遣词造句准确。在工作时应选择言简意赅且通俗易懂的语言，不可咬文嚼字，尽量避免使用晦涩、冷僻的词汇或冗长累赘的句子；要用普通话，不得使用方言；面对外宾要正确使用对方擅长的外语。其次，内容真实可信。服务语言运用应以诚为本、以实为要、以真为先，酒店服务人员在向宾客传递信息时要说真话、讲实话，切忌言过其实、言不由衷、胡乱杜撰等，尤其是涉及宾客切身利益的事情，一定要做到准确可信。最后，观点中正平和。"极高明而道中庸"，酒店服务语言应体现生活的智慧，追求中正平和、外柔内刚之道，永远不要把与宾客的交谈引向矛盾与纷争。

（二）语言的情感性

情感性就是要求酒店服务人员在使用语言时充分尊重宾客的人格和习惯，语气亲切、热情、真诚，绝不能讲有损宾客自尊的话。讲出具有亲和力的话，不仅取决于服务者的个人情绪，更取决于其服务意识、工作责任心及其对语言表达艺术的把握。在服务过程中，应注意满足宾客心理的情感性需求，对语言加以修饰，主要表现在谦语和委婉语的使用上。谦语是谦虚、友善的语言，能充分表达尊重宾客并让宾客获得宾至如归的感觉。谦语常用征询式、商量式的语气，例如："A类型的客房已经售完，您是否考虑同样价格的B类型客房？"委婉语是指用婉转的、含蓄的方式来代替直白的语言，取代所有禁忌的词语，用以提示双方都知道的但不愿点破的事物或用来拒绝对方。

请比较下面两种不同的说法：

第一种说法："对不起，您的房间还没有收拾好。"

第二种说法："请稍等，您的房间马上就收拾好了。"

此时，应该选择第二种表达方式，虽然"马上就收拾好"实际上就是"还没有收拾好"，但这种说法显然要比直接表述更容易让人接受。有时候，为了不让宾客太失望，需要反话正说。

又如在旅游旺季，宾客来酒店预订房间，这时只剩最后一间房间了，而且不是宾客想要的房型，这时该如何对宾客说呢？请比较下面两种不同的说法：

第一种说法："不好意思，只剩下最后一间房间了，您要不要？"

第二种说法："您的运气真好，还有一间房间，我们可以留给您。"

如果你是宾客，相信你也会喜欢第二种说法。这不仅是逻辑上的区别，而且是情感上的区别。酒店服务人员要为宾客提供优质的情感服务、心理服务，就要重视这些看似细小的不同。细节决定成败。

（三）语言的生动性

生动的语言可以拉近宾主之间的距离，产生共鸣，带来意想不到的结果。这就要求酒店服务人员注重知识与词汇的积累，善于运用对比、夸张、借代、比喻等修辞手法，使语言更加艺术化、形象化，并能通过语音、语速、语调和语气等表达，让平淡无奇的语言变得不同寻常，创造出生动的语言画面。意大利著名表演艺术家罗西有一次应邀为宾客做即兴表演，他在台上用意大利语念起一段台词，尽管在场的宾客听不懂内容，却被他那充满辛酸、凄凉、悲怆的台词所感染，很多人不禁潸然泪下。当罗西表演结束，翻译才解释说，刚才罗西念的根本不是什么经典台词，而是大家桌子上摆放的菜单。同样，酒店服务人员在接待宾客时，语言不能呆板，不可机械地回答问题，运用生动、幽默的语言尽可能让宾客感到亲切与热情，能使气氛和谐、感情融洽。

（四）表达的灵活性

在运用语言服务宾客时，实际效果往往不取决于要表达什么，而取决于如何表达。为了让宾客感到高兴和满意，在服务过程中要注意察言观色，善于观察宾客的反应，针对不同的场合（即语言环境，包括说话的时间、地点等）、不同的对象（即宾客的国籍、年龄、性别等身份特征，以及心理、性格、文化素养、风俗习惯等）说不同的话、采用不同的表达，这样做往往会避免矛盾的出现或使矛盾得到缓和。一般情况下，我们可以通过宾客的服饰、语言、肤色、气质等辨别宾客的身份；通过宾客的面部表情、语调的轻重缓急、走路姿态、手势等行为举止领悟宾客的情绪。遇到情绪激动、性格急躁、举止不安的宾客，要特别注意使用温柔的语调和委婉的措辞，善于揣摩宾客的心理，以灵活的言语应对宾客；对待投诉的宾客，说话要特别谦虚、耐心、有礼，设身处地替宾客着想，投其所好、投其所爱。每个酒店服务人员都需要自觉学习和研究语言艺术，并在实践中努力提高自己的应变能力，注意培养随机性和灵活性，以便适应服务接待工作的需要。

二、服务语言的使用原则

服务语言是酒店业的重要"软件"之一。随着酒店业的迅速发展，其硬件设施上的差距日益缩小，酒店服务人员的素质和服务质量等内涵上的竞争日益激烈。正确使用服务语言，既能显示酒店服务人员良好的气质修养，又能让宾客感受到礼遇和尊重。在使用服务语言时，酒店服务人员要注意以下几个方面。

（一）话语要精练

语言精练、中心突出是言谈礼仪的基本要求之一。精练不是语言单调、词汇贫乏，而是用较少的语言表达尽可能多的内容，取得以少见多的效果。从前有个商人，在镇上新开了一家店铺卖酒，为了标榜酒美、招徕宾客，特奉厚礼请来几个秀才，准备写一个招牌，挂在酒店门前。甲秀才挥笔写出"此处有好酒出售"七个大字。店家见了，点头赞许。乙秀才指出："七个字过于啰唆，应该把'此处'两字删去。"店家细想，也觉得有理。丙秀才又说："'有好酒出售'中的'有'字多余，删去更为简约。"店家也觉得干脆。可是丁秀才又振振有词道："酒好与坏，自有客官评断，'好'字亦删。干脆留一'酒'字更为夺目。"店家欣然接受。这则故事说明"言不在多，达意则灵"，切忌啰啰唆唆、拐弯抹角。酒店服务人员在与宾客交谈时要做到言简意赅、时间恰当，否则不仅影响宾客，而且是一种失礼行为。

（二）声音要优美

酒店服务人员要努力使自己说话的声音充满魅力，给人以美的享受，做到以声传意、以声传情。掌握语音、语速、语调、语气的正确使用，更能表达出对宾客的尊重与礼貌。第一，音量大小要适中。说话时声音不宜过高，音量大到让人听清楚即可，明朗、低沉、愉快的语调最吸引人；声音也不宜太低、太轻，否则对方会听不清楚。第二，语调以柔言谈吐为宜，尽可能使声音听起来文雅、谦逊。在句式上，少用否定句，多用肯定句；在用词上，多用褒义词、中性词，少用贬义词；在语气上，亲切柔和、诚恳友善，避免使用生硬唐突的口吻或摆出盛气凌人的架势。第三，语速快慢要适度。依据实际情况调整语速，不宜过快，应娓娓道来，给人留下稳健的印象，也给自己留下思考的余地。

（三）分寸要掌握

在人际交往中，哪些话该说，哪些话不该说，怎样说才更符合人际交往的目的，都是语言礼仪应注意的问题。在初次见面、公务场合、正式社交场合、外交场合、对客服务中，要特别注意语言礼仪的运用。善意的、诚恳的、赞许的、礼貌的、谦让的话应该说，且应该多说。恶意的、虚伪的、贬斥的、粗鲁的、强迫的话不应该说，因为这样的话语只会造成冲突，破坏关系、伤及感情。有些话虽然出自好意，但措辞用语不当，方式方法不妥，好话也可能导致坏的结果。因此，必须谨言慎言，掌握说话的分寸，只有这样才能获得预期的效果。

（四）忌讳要避免

使用服务语言时要坚持"八不问"原则。年龄、婚姻、家庭住址、收入、经历、工作、信仰、身体状况属于个人隐私，在沟通交流过程中，不要好奇询问。同时也要注意"六不谈"，即六个不能交谈的话题：不得非议党和政府，不得涉及国家秘密和行业秘密，不得非议交往对象的内部事务，不得非议自己的领导、同行、同事，不得涉及格调不高的话题，不得涉及个人隐私问题。此外，还要注意避免五大禁忌：（1）忌只说不听：只顾自己滔滔不绝，而不倾听他人说话。（2）忌打断对方：一般来说，上级可以打断下级，长辈可以打断晚辈，但是身份相当的人不可随便打断他人谈话，交谈时尽可能让对方先说。（3）忌补充对方：对别人说的内容不要随便补充。（4）忌纠正对方：不要随便纠正对方的错误，即使你没有恶意，也会给对方带来不快。（5）忌质疑对方：不要随便对别人说的话表示怀疑，质疑对方是对其尊严的挑衅。

（五）姿态要注意

除了注意语言美、声音美之外，姿态美也很重要。在体态语言的运用中，要结合所要表达的内容，考虑对方的地方习俗、个人禁忌等，不仅要有目光语、身势语的运用，还要结合适当的手势语和表情语，避免出现不文明、不卫生的仪态。要做到正视宾客，面带微笑，表情亲切自然，不可东张西望、左顾右盼。交谈过程中不应长时间地盯着宾客，这会让宾客感到不自在。目光应该不时地落到宾客身上，可注视宾客以两眼为底线、下颌为顶点的倒三角区域内。交谈时，不要懒散或面带倦容、哈欠连天，也不要做一些不必要的小动作，如玩指甲、弄衣角、搔脑勺、抠鼻孔等。这些小动作显得猥琐、不礼貌，也会使宾客感到你心不在焉、傲慢无礼。

礼仪故事

汤元帅、豆将军、红孩儿、菜将军

明代开国皇帝朱元璋出身贫寒，少年时曾放牛，给有钱人家打工，甚至为了果腹而出家为僧。但朱元璋胸怀大志，风云际会，终于成就了一番霸业。

朱元璋当了皇帝以后，有一天，一位儿时的穷伙伴进京来求见他。朱元璋很想见见旧日的老朋友，可又怕他讲出什么不中听的话来。犹豫再三，总不能让人说自己富贵了不念旧情吧，还是让那人进来了。那人一进大殿，即大礼下拜，高呼万岁，说："我主万岁！当年微臣随驾芦州府，打破罐州城。汤元帅在逃，拿住豆将军，红孩儿当兵，多亏菜将军。"朱元璋听他说得动听含蓄，心里非常喜欢，回想起当年大家饥寒交迫时有福同享、有难同当的情形，很是激动，立即重重封赏了这个老朋友。

消息传出，又有一个当年一块放牛的伙伴找上门来见朱元璋，他高兴得忘乎所以，生怕皇帝忘了自己，指手画脚地在金殿上说道："我主万岁！你不记得了吗？那时候咱俩都给人家放牛，有一次我们在芦苇荡里，把偷来的豆子放在瓦罐里煮着吃，还没等煮熟，大家就抢着吃，把罐子都打破了，撒下一地的豆子，汤都泼在泥地里，你只顾从地下抓豆子吃，结果把红草根卡在喉咙里，还是我出的主意，教你用一把青菜吞下，才把那红草根带进肚子里。""这、这……"当着文武百官的面，朱元璋又气又恼，哭笑不得，喝令左右："哪里来的疯子，来人，把他轰出去。"

模块二　　使用技巧

沟通是一门艺术，尤其对于服务行业酒店服务人员。语言得体、清晰、纯正、悦耳，会使宾客有柔和、愉快、亲切之感，自然地接受服务并产生良好的反馈；反之，语言不中听、生硬、唐突、刺耳，会产生强烈的语言刺激，引起宾客的不满与投诉，严重影响酒店的品牌及声誉。通过掌握一些服务语言的艺术，酒店服务人员更能准确地表达思想感情，成为善于交谈的人，成为深受宾客喜欢的服务者。

一、学会倾听

倾听是一种非常重要的沟通技巧，从中可以看出一个人是否有礼、有心，及其社交水平的高低。戴尔·卡内基说过："要用十秒钟的时间讲，用十分钟的时间听。"心理学家对人的各种交往活动进行研究，发现听占45％、说占30％、读占16％、写占9％，多听少说的重要性可见一斑。

（一）倾听的作用

古希腊哲学家苏格拉底说过："上天赐人以两耳两目，但只有一口，欲使其多闻多见而少言。"作为酒店服务人员，要善于倾听。听不仅可以让酒店服务人员获得重要的宾客信息，更能帮助酒店服务人员正确领会宾客的意图与需求，从而有针对性地做好服务工作。

1. 表达对宾客的尊重

善于倾听是尊重他人、欣赏他人的表现，能帮助酒店服务人员减少工作失误。耐心、专注地听宾客说话，可以给其满足感，激发宾客的表达欲望，这样能在心理上给宾客一种认同感，使其尽快接纳酒店服务人员的服务。

2. 了解宾客的真实想法

用心聆听，理解宾客所要表达的内容，如果听不明白，就麻烦宾客再说一遍。听懂后还要加以分析与观察，听出弦外之音，了解宾客的真实想法。学会站在宾客的角度思考问题，选择最合适的服务方式与交谈语言。

3. 充分获取宾客信息

酒店服务人员在倾听中应尽可能多地掌握宾客信息。每个人表达信息的方式和习惯不同：有的宾客开门见山，直截了当地提出要求；有的宾客比较委婉，绕了半天还没说到正题上。所以，服务人员要懂得如何结合宾客的有声语言、语气语调及肢体语言，判断其真正的需求和想法，用心、细心且耐心倾听，这样才能捕捉到尽可能多的信息，为宾客提供人性化、个性化服务，实现满意加惊喜的服务理念。这就是倾听的魅力。

（二）倾听的技巧

1. 积极地听

从消极地听转向主动倾听，让思考跟上谈话的速度，首先需要选择一个适宜交谈的环境，利于全神贯注地听，不要做小动作、不要心不在焉；从理解出发，站在关怀、接受对方的角度去听；学会察言观色，善于体察对方的感受；让对方把话说完，尽量控制自己，不要打断别人；不要匆忙下结论，不要急于评价对方的观点。

2. 有效反馈

给予适当语言或肢体反馈，如认同、引导、请教、提问等。当宾客提出诉求时，使用相关的附和用语，表示对宾客所表达内容的认可和积极响应，如"是的"、"好的"、"我明白了"、"我非常理解"等。

3. 信息确认

由于个体差异或地域间语言表达的差异，交谈双方容易产生语言理解的偏差，导致信息失真。在与宾客交谈时，酒店服务人员要表现出热情、友善、亲切的态度，认真、及时回复，对于关键信息，如时间、地点、人物、重要事件，要复述及确认，以免随意揣测而曲解宾客的真实意图。

4. 归纳总结

在信息传递过程中，会出现某些重要内容遗漏的问题，因此要对宾客表达的内容在理解的基础上加以归纳总结，并且做好相应的记录。酒店服务人员常用的方法是复述引导，就是将复述和附加问题两种手段结合起来，它可以帮助酒店服务人员将对话内容引导到其想要获得的更多信息的某个具体方面。例如："对您刚才的话我能否这样理解……""您似乎觉得……""根据您说的情况，您的房间是不是出现了……"

二、三思后言

为了避免口不择言、信口开河，酒店服务人员在开口之前，应该认真考虑自己想说什么、该如何正确表达。与人谈话一定要思前想后，因为几乎所有的谈话失误都源于不假思索或考虑不周，如果能多花一些时间，想清楚并组织好语言后再说，就不容易说错话，从而引起他人的不悦了。

(一) 说话时机

酒店服务人员在说话之前，应该首先确定对方是否已经准备好，愿意倾听或者愿意谈论某一话题，否则只会浪费力气，错过让宾客接受你意见的机会。比如当宾客怒气冲天地投诉时，酒店服务人员不要急着辩解或作出说明，应该让宾客把心中不快或不满全部发泄出来。在宾客全部说完后，酒店服务人员首先要向宾客致歉，尽可能在第一时间提出解决方案，千万不可马上解释或与宾客理论。酒店服务人员要勇于承认错误，即使错误并不是由自身引起的，但只要与工作伙伴或所在酒店有关，造成了宾客不良的情绪，酒店服务人员都有责任承认错误，并向宾客致歉。当自身的言语或语气、语调伤害到宾客时，酒店服务人员必须立刻道歉，勇于承认错误，不要找借口搪塞。

(二) 选择话题

在选择话题时，可从四个方面着手：宾客的兴趣爱好、宾客的性格特点、宾客的潜在心理、宾客的不同身份。要学会正确选择话题，或根据实际情况转变话题，可以用提问的方法进行试探，找出双方都感兴趣的谈话内容，比如一本有趣的书、一部精彩的电影、一场激烈的比赛等。如果谈话出现短暂冷场，不要着急，不必无话找话谈。

(三) 语言委婉

语言的表达方式是多种多样的，由于谈话的对象、目的和情境不同，语言表达方式也没有固定的模式。说话有时要直率，有时则要委婉，应视对象而定。语言委婉是指讲话时出于对宾客尊重的考虑，不直接说明本意，而是用委婉的词语加以暗示，这样既能达到使对方意会的效果，又不至于让对方尴尬，甚至伤害对方的情感。语言委婉并不容易做到，需要较高的语言修养，特别是当服务人员不得不拒绝宾客的诉求时，采取什么语气，采用何种句式，运用什么言辞以及讳饰、暗喻等，既要表现出较高的思想修养，又要有丰富的语言功底。语言用得好，可以减少刺激性，帮助消除矛盾，使交际双方免于难堪，使酒店服务人员说话留有余地、免于被动。

三、善于表达

(一) 言语得体

一个人语言能力（语商）的高低，表面上看似乎只与个人天赋、修养、知识积累有关，而实质上还是由其品德所致。如果能充分尊重他人，多替他人着想，就会有意识地注意语言运用的适当、得体、文明，语言表达自然能体现出水平。不分服务对象，词不达意，会影响服务的有效开展，妨碍交流效果。例如称呼礼仪，两人见面首先碰到的就是称呼问题，它既是见面礼，又是进入交际大门的通行证。称呼得体，对方会感到亲切、愉悦；称呼不当，对方就会不快，甚至愤怒。

(二) 有效沟通

沟通是一种信息的双向甚至多向的交流，是指将信息传递给对方并得到对方反馈的过程。人际交往中，沟通能力主要表现为理解别人的能力和向对方表达的能力。研究表明，工作中70%的错误源于不善于沟通，或者说是不善于说话造成的。酒店服务人员在工作中可能会面临以下问题："我是一个比较内向又缺乏自信的人，每次跟宾客交谈，我总不敢开口，感到压力。""我讲了那么多，为什么宾客还是无动于衷？""宾客总是不满意，真不知道他心里在想什么。"等等。鉴于此，酒店服务人员应该做到以下四点：一是不宜说得太多，只要清楚、亲切、准确地表达出自己的意思即可；二是尽量启发宾客开口，让他们得到尊重、感觉放松，尽情表达自己的需求和意见；三是学会听出宾客没有说出来的意思；四是宾客希望听到你是否赞同他们的意见，千万不要与宾客争辩，不然只会导致胜了道理、败了心情，失去和谐。

(三) 真诚赞美

获得赞美是一件令人心情愉快的事情，这是人们共同的心理需求。恰到好处地对宾客表示欣赏、肯定与钦佩，可以争取服务对象的合作，使服务过程更加顺畅。但是，赞美一定要注意分寸，把握真诚、具体、及时、适度的原则。首先，要找准宾客身上的闪光点，真心实意地赞美宾客。其次，赞美要恰如其分，否则有吹捧、奉承或溜须拍马之嫌。再次，发现宾客身上的优点要及时赞美，会得到意外的收获。赞美有标签作用，赞美宾客你所希望他做到的事情，是一种非常有效的鼓励。最后，学会在背后赞美宾客，灵活运用第三者赞美的技巧。

礼仪故事

具体的赞美更有效

风靡全球达半个世纪的喜剧泰斗卓别林，1975 年 3 月 4 日，以 85 岁高龄在英国白金汉宫被伊丽莎白女王封为爵士。在封爵仪式中，女王对兴奋的卓别林说："我观赏过许多你的电影，你是一位难得的好演员。"事后，有人问卓别林受封的感想，他有点遗憾地说："女王陛下虽然说她看过我演的许多电影，并称赞我演得好，可是她没说出哪部电影的哪个地方演得最好。"我们在社交场合中，常听到类似的溢美之词，如"你今天好漂亮"、"你看起来气色很好"、"你的工作表现很好"等，这些赞美太过含糊笼统，不够具体，会使赞美效果大打折扣。

会听，是一种能力

美国著名主持人林克莱特有一天访问一名小朋友，问他说："你长大后想要做什么呀？"小朋友天真地回答："嗯，我要当飞机驾驶员！"林克莱特接着问："如果有一天，你的飞机飞到太平洋上空，所有引擎都熄火了，你会怎么办？"小朋友想了想说："我会先告诉坐在飞机上的人绑好安全带，然后我背上降落伞跳出去。"当在场的观众笑得东倒西歪时，林克莱特继续注视着这个孩子，想看看他是不是一个自作聪明的家伙。没想到，孩子的两行热泪夺眶而出，这才使得林克莱特发觉这孩子的悲悯之心远非笔墨所能形容。于是，林克莱特问他说："你为什么要这么做呢？"他的答案透露了这个孩子真挚的想法："我要去拿燃料，我还要回来的！"听到这样的回答，现场的观众都沉默了，眼眶也慢慢地湿润起来。就差一句话，险些让一个勇敢、有责任心的孩子被误认为是个自以为是、毫无责任感的人。

模块三	礼貌用语

中国是文明古国、礼仪之邦，礼貌用语非常丰富，运用也非常灵活。对酒店业来说，礼貌用语是在服务过程中，酒店服务人员表达自谦、恭敬之意的一套约定俗成的语言，是酒店创建品牌形象的重要方法之一，也是向宾客表示尊重同时为了得到宾客认可的表现形式。例如：敬称、尊词、敬语的使用，给人以彬彬有礼、热情得体之感。多用"您"而不用"你"，不直呼其名，语气语调甜美柔和、自然亲切，并从尊敬语、谦让语和雅语三方面予以强化。雅语用在正式场合中，代替那些比较随便甚至粗俗的话语。如中国人习惯说"上厕所"、"方便一下"，有时在大街上直截了当地询问"请问哪里有厕所/公厕"，这些话都有失文雅，可以换言之"请问洗手间/卫生间/盥洗室在什么地方"，尽可能回避"厕所"二字，用"我想洗下手"、"我要去下化妆间"、"请原谅我耽误您几分钟"之类的话代替。

酒店服务人员说话要注意尊重宾客，做到敬而不失、恭而有礼，讲究文明礼貌，给宾客带来心理上的舒适与满足，博得宾客的好感和谅解。若对宾客有所求，要用"请"、"麻烦"、"劳驾"；对宾客提供的方便和帮助，要说"谢谢"、"给您添麻烦了"；给宾客带来不便，要说"对不起"、"请原谅"、"多多包涵"；宾客表示歉意，要回以"没关系"；宾客表示谢意，可以说"别客气"；对不能及时处理的事，应说"请您稍候"、"麻烦您等一下"；道别时说"再见"、"一路平安"；等等。

一、迎送语言

（一）欢迎用语

欢迎用语是当宾客进入服务视线时，为使宾客获得宾至如归的感觉，酒店服务人员主动向宾客打招呼时使用的语言。使用欢迎用语往往离不开"欢迎"一词，最常用的欢迎用语有"欢迎光临"、"欢迎您的到来"、"见到您很高兴"、"恭候您的光临"等。当宾客再次光临时，要用欢迎用语表示自己仍记得对方，让对方感到被尊重、受重视，可在欢迎用语之前加上对方的尊称或其他专用词，如："陈先生，真高兴又见到您了！""李小姐，欢迎您再次光临！"在使用欢迎用语时，通常应当一并使用问候语，必要时还须同时向宾客施以注目礼、点头礼、微笑礼、鞠躬礼、握手礼等。

（二）问候用语

问候用语是服务人员与宾客相遇时，主动向宾客问好或打招呼时使用的语言。问候用语形式简短，所传达的信息主要是情感层面的问候而非思想交流。带有情感色彩的问候能在短短一句话中明显地表露出酒店服务人员对宾客的关怀与诚意，能拉近与宾客之间的距离，使宾客感到舒心、温暖，为服务工作打下良好的感情基础。

对客服务时应遵守"三米原则"：与宾客距离三米时要有目光交流，距离一米半时要有有声服务。通常情况下，应当由身份较低者首先向身份较高者问候，所以酒店服务人员应当先向宾客致以问候。如果被问候者不止一人，有三种问候方式：一是统一问候，如"大家好"、"各位早安"；二是采取由尊及卑的礼仪惯例，先问候身份高者；三是采取由近及远的顺序，先问候离自己距离近者。酒店服务人员如果一天内多次与同一位宾客相遇，应尽可能使用不同的问候用语。在问候宾客时，适用于酒店服务人员的问候用语有两种：一是标准式问候用语，即直截了当地向宾客问候，如"您好"、"大家好"；二是时效式问候用语，即在一定的时间范围内的问候用语，如"早上好"、"晚安"。

（三）送别用语

送别用语是酒店服务人员与宾客短暂告别或长时间告别时所使用的语言。礼仪讲究有始有终、善始善终，所以千万不要忘记送别用语。当宾客离开时，酒店服务人员应面带微笑目送宾客，并致以恰当的道别语，最为常用的有"再见"、"慢走"、"走好"、"欢迎再来"、"一路平安"等，可配合点头礼或鞠躬礼。需要注意的是，第一，送别用语不能不用，不管宾客是否消费或消费多少，服务人员都要在宾客离开时礼貌道别；第二，送别用语不能乱用，如宾客乘飞机离开时，应该说"一路平安"，忌讳说"一路顺风"。

二、交流语言

（一）请托用语

请托用语是指在请求他人帮忙或者托付他人代劳时，按照惯例使用的专项用语。在工作岗位上，酒店服务人员免不了有求于人，因此，请托用语的使用是必不可少的。酒店服务人员经常使用的请托用语可以分为以下三种：

一是标准式请托用语。当酒店服务人员向宾客提出某项具体要求或请求支持、协助时，需加上"请"字，如"请稍候"、"请往这边走"等。如果再加上"对不起"三个字，则更容易被宾客接受，如"对不起，请在这边排队"。

二是求助式请托用语。酒店服务人员向宾客提出某一具体要求或要求宾客关照、理解自己时会使用求助式请托用语，最为常见的有"拜托您了"、"打扰您了"、"劳驾"等。

三是组合式请托用语。这是酒店服务人员混合使用标准式请托用语和求助式请托用语的一种形式，如"请您在这个位置签下名"，"打扰了，麻烦请您出示一下有效证件"等。

（二）征询用语

征询用语是酒店服务人员为了解宾客需求、征求宾客意见、给予宾客选择、启发宾客思路时所使用的语言。在接待过程中，酒店服务人员往往需要主动向宾客征询，以获得良好的反馈。例如："我能为您效劳吗？""您还有什么别的吩咐？""这样会不会打扰您？""先生，您看现在可以上菜了吗？"这些话都表示出对宾客的关心和尊重。在使用征询用语时要注意宾客的体态语言，尽量在宾客说出之前为其提供服务；用协商的口吻，正确选择封闭式问题和开放式问题。要把征询用语当作服务的步骤之一，得到宾客同意后再行动。主动为宾客服务当然是好意，即便如此还要征询一下宾客的意见，避免因宾客不同意而造成不愉快。

（三）应答用语

应答用语是酒店服务人员在宾客呼唤、感谢自己或者提出某种要求、表示歉意时用的礼貌用语。为宾客解决问题时，首先要停止其他工作，按规范站立，双目注视宾客，聚精会神。其次要仔细耐心地倾听宾客表述的内容，必要时做好记录，以示尊重；若没听清楚，应说"对不起，请您再说一遍"。回答宾客问题时，应语气温和、音量适中，不要抢话，让宾客把话说完。回答一定要实事求是，当不清楚准确的答案或超越自己权限时，应道歉并及时向同事打听清楚或者请示上级及有关部门，再答复宾客。遇到个别宾客提出某些带有挑衅性、尖锐敏感或不宜正面回答的问题时，应避实就虚，不可说否定语，也不可单凭想象胡乱承诺。

当宾客呼唤时，可以说"好，请稍候"，"好的，马上就来"；当宾客表示感谢时，可以说"不必客气，这是我们应该做的"，"不用谢，很高兴为您效劳"；当宾客提出某种要求时，可以说"请您吩咐"，"我明白了，尽力满足您的要求"；当宾客表示歉意时，可以说"没关系"、"您不必在意"等。这些礼貌应答会让宾客感到愉快。

（四）推托用语

推托用语是酒店服务人员无法满足宾客的要求时委婉地表示拒绝的用语。常用的推托用语有以下三种形式：

一是道歉式推托用语。向宾客表示自己的歉疚之意，以获得谅解。例如："真抱歉，没能帮上您的忙。"

二是转移式推托用语。不纠缠于某一细节问题，主动提及另外一件事，转移宾客的注意力。例如："很遗憾，今天这款沙拉已经售完了，我向您推荐的'主厨特选'非常受小朋友的喜欢，而且今天点套餐还免费赠送。"

三是解释式推托用语。在推托时尽可能准确说明具体原因，使宾客觉得合情合理、真实可信。例如："谢谢您的好意，不过这样操作违反酒店的规定，希望您能理解。"

（五）指示用语

指示用语是酒店服务人员在为宾客提供服务时，对其一些行动给予方向性建议的用语。例如："最近的洗手间在您右手边，请往这边走。""先生，请稍坐一会儿，马上就给您上菜。"使用指示用语时要注意避免命令式的口气，语调要柔和，需要时可以配合适当的手势。

（六）致谢用语

致谢用语是指酒店服务人员为了表达自己的感激之情，拉近与宾客间关系的语言。下列情况下，酒店服务人员必须使用致谢用语：一是获得他人帮助时，二是得到他人支持时，三是赢得他人理解时，四是感到他人善意时，五是婉言谢绝他人时，六是受到他人赞美时。常用的致谢用语有以下三种形式：

一是标准式致谢用语。如"谢谢"，如有必要，还可在其前后加上尊称和人称代词。

二是加强式致谢用语。为了强化感谢之意，可在标准式致谢用语之前加上具有情感色彩的副词，如"十分感谢"、"非常感谢"等。

三是具体式致谢用语。一般是因为某一具体事件而向宾客致谢，如"谢谢您的宝贵意见，我们会努力改进"，"感谢您的理解，我谨代表本酒店向您表达深深的谢意"等。此外，当宾客提出一些服务方面的意见或投诉时，即便不一定对，或者投诉态度不佳，酒店服务人员也应该向宾客表示感谢。

（七）道歉用语

道歉用语是酒店服务人员在对客服务时，因各种原因给宾客带来了不便、妨碍，打扰了宾客时，或引起宾客不满、投诉而向宾客表达歉意时的用语。如"对不起"、"请原谅"、"不好意思"、"这是我们的失误"、"真的过意不去"等。在使用道歉用语时态度一定要真诚，不真诚的道歉等于逃避责任；学会换位思考，体会宾客的感受。在服务过程中，要将道歉语当作必要的服务步骤，主动而诚恳地向宾客表达。例如："对不起，为您更换一下餐碟。""不好意思，让您久等了。"

三、服务忌语

不礼貌的语言，如粗话脏话，是语言中的垃圾，必须坚决清除。酒店服务人员要做到"四不讲"，即不讲粗话、不讲脏话、不讲讽刺的话、不讲与服务无关及有损酒店形象的话；忌用蔑视语、否定语、顶撞语及烦躁语。举个例子，某酒店服务人员给宾客上了一碗米饭，宾客吃了后反映说："这米饭放了很久了吧？冰冷的。"这时，酒店服务人员有以下三种回答可供选择：

A：不可能，这饭是我刚从电饭煲里盛出来的。

B：冷了吗？我给您加热一下。

C：开玩笑，米饭明明还冒着热气嘛！

A 的回答直接否定了宾客的说法，这样的否定语只能增加服务人员与宾客之间的摩擦，甚至会引发更大的冲突，不利于问题的解决。酒店服务人员这时应使用委婉的语言，不能简单地拒绝否定。B 的回答表面上似乎满足了宾客的诉求，却忽视了诉求中隐藏的问题，他应该拿出解决问题的态度，给出真诚的道歉。C 的回答中用了蔑视语，会激发服务人员与宾客之间的矛盾。酒店服务人员需摆正位置，明确角色定位，对客服务时应放低姿态，切莫盛气凌人。另外，应注意避免容易引起误解和不快的语言，如在提及身材时，可用"丰满"代替"肥胖"，用"苗条"代替"瘦弱"，也不要将平时某些不文雅的用语或口头禅带入服务中。

礼仪故事

超值的酒店消费体验

著名的国际培训大师俞先生，讲述了一段他入住泰国曼谷大酒店的亲身经历。

清晨我推开酒店房间大门，一名漂亮的泰国小姐微笑着和我打招呼："早上好，俞先生。""你怎么知道我姓俞？""俞先生，我们每一位值层的服务员都要记住每一个房间宾客的名字。"我心中很高兴，乘电梯到了一楼，门一开，又一名泰国小姐站在那儿："早，俞先生。""啊，你也知道我姓俞，你们也要求背宾客的名字，怎么可能？""俞先生，上面打电话说您下来了。"原来她们腰上挂着对讲机。于是她带我去早餐厅，餐厅服务人员替我上菜，都用"俞先生"来称呼我，这时上了一盘样子很奇怪的点心，我问服务员："中间这个红红的是什么？"这时我注意到一个细节，服务员看了一下，就后退一步说那个红红的是什么。"那么旁边这一圈黑黑的呢？"她又上前看了一眼，然后再退一步说那黑黑的是什么。这个后退一步的动作是为了防止她的口水溅到菜里。我退房离开的时候，服务员将所有收据折好放入信封里递到我手中，并说："感谢您俞先生，真希望第七次再看到您。"

"第七次再看到"，原来那次是俞先生第六次入住曼谷大酒店。三年过去了，俞先生再没去过泰国，有一天俞先生收到一张卡片，发现是泰国曼谷大酒店寄来的，卡片上有这样一段话："亲爱的俞先生，3 年前的 4 月 16 日您离开以后，我们就没有再看到您，酒店员工都非常想念您，希望您下次经过泰国时一定要来看看我们。最后祝您生日快乐，生活幸福。"原来写信的那天刚好是俞先生的生日。

▶ **能力训练与思考**

1. 推荐一名表达能力强的学生将以下图形用语言表述出来，不用任何手势和辅助工具，其他学生根据表述者的意思绘出图形。表述者只可重复一次，其他学生不能提问、独立完成，表述完毕 30 秒后停止绘图。

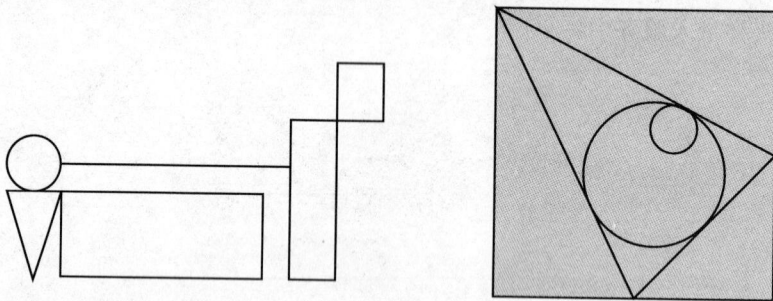

2. 作为酒店服务人员，以下案例会给你何启发？作为酒店管理人员，又能给你怎样的思考？

　　一位宾客在酒店用餐时，大约 1 小时内，服务员连续说了 20 声"对不起"。上茶水时说"对不起"，上菜时说"对不起"，斟酒时说的还是"对不起"……宾客终于忍无可忍地说："小姐，你怎么老是'对不起'，那请问你什么时候能做点对得起我的事情来？"服务员听了这话就愣在那里，不知如何是好。

3. 请分析以下案例中酒店服务人员语言的巧妙之处，并指出其中蕴含着服务语言的哪些特点和运用原则。

　　在一家涉外宾馆的中餐厅，正值中午时分，用餐的宾客很多，服务员忙碌地在餐台间穿梭着。有一桌的宾客中有好几位外宾，其中一位外宾在用完餐后，顺手将自己用过的一双精美的景泰蓝食筷放入随身带的皮包里。服务员在一旁将此情形看在眼里，不动声色地转入后堂。不一会儿，就见她捧着一只绣有精致图案的绸面小匣，走到那位外宾身边说："先生，您好，我们发现您在用餐时，对我国传统的工艺品很感兴趣，简直爱不释手。为了表达我们对您如此欣赏中国工艺品的感谢，餐厅经理决定将您用过的这双景泰蓝食筷赠送给您，这是与之配套的锦盒，请笑纳。"

这位外宾听闻此言，明白自己刚才的举动已被服务员尽收眼底，颇为惭愧，只好解释说，自己多喝了一点，无意间误将食筷放入包中。感激之余，表示希望自行购买这双景泰蓝食筷作为纪念。餐厅经理亦顺水推舟，按最优惠的价格记在主人的账上。聪明的服务员既没有让餐厅受损失，也没有令宾客难堪，圆满地解决了事情，并收到了良好的交际效果。

项目四 ‖ 社交礼仪——和谐积极的
人际关系

学习目标

知识目标

● 了解通信礼仪的实践运用，掌握电话接听、拨打等技巧；

● 掌握酒店接待服务中的见面礼仪规范；

● 了解馈赠礼仪的注意事项，掌握礼品挑选与礼尚往来的各项技巧。

素质与能力目标

● 酒店服务人员与宾客的交往过程是一种社会交往活动，必须符合社交礼仪要求。通过熟练使用通信礼仪，运用正确的称呼、介绍、握手、名片交换，以及恰到好处的礼尚往来，不仅能为人际交往创造出友善、融洽的气氛，还能建立、保持和改善宾客关系。

社交礼仪作为一种文化，是人们在社会生活中处理人际关系、对他人表达友谊和好感的符号。学礼、懂礼、讲礼有助于提升酒店服务人员的内在素质，塑造良好的形象，保证酒店的经营管理更有效，也可以使社会和国家更加安定、和谐。同时，礼仪是个人乃至一个民族素质的重要组成，社交礼仪是社会交往中使用频率较高的日常礼节。一个人生活在社会中，要想别人尊重自己，首先要学会尊重别人。酒店只有通过建立良好的宾客关系、打造品牌形象，才能不断占领并扩大客源市场，在激烈的竞争中立于不败之地。

模块一　会面礼仪

一、称呼与介绍礼仪

（一）称呼礼仪

称呼是指人们在日常交往过程中，彼此之间所采用的称谓语。交谈始于称呼，称呼被看做交际的先行官。选择正确、文雅、适当的称呼，不仅反映自身的教养与对对方尊敬的程度，而且使对方感到愉快、亲切，也易于增进双方的情感，为深层交际打下基础。

美国著名的社会心理学家卡内基说过："一个人的姓名是他自己最熟悉、最甜美、最妙不可言的声音。在交际中，最明显、最简单、最重要、最能得到好感的方法，就是记住人家的名字。"在服务工作岗位上，彼此间的称呼要庄重、正式、规范，务必注意三点：合乎常规，入乡随俗，避免歧义。

1. 常用的称呼方式

（1）姓名式称呼。在工作岗位上直呼其姓名，一般限于同事、熟人之间。姓名式称呼可分为三种情况：全姓名称呼，显得规范、严肃；只称其名、不呼其姓，显得亲密，尤其是上级称呼下级、长辈称呼晚辈，亲朋好友之间也可使用这种方式；姓氏加修饰称呼，指的是在姓前加上"老"、"大"、"小"等前缀，显得亲切，熟悉的朋友之间，在一起工作、劳动和生活的同事之间可使用这种称呼。

（2）职务式称呼。以交往对象的职务相称，表示身份有别、敬意有加，且就高不就低。这是一种最常见的称呼，将职务与姓或姓名合并使用，如"张总经理"、"张三总经理"、"张总"等。

（3）职称式称呼。对于具有专业技术职称者，尤其是具有中高级职称者，可直接以其职称相称，将职称与姓或姓名合并使用，如"李教授"、"李四教授"、"张工程师"、"张工"等。

（4）行业式称呼。按行业进行称呼，对于从事某些特定行业的人，可直接称呼对方的职业，如老师、医生、会计、律师等，也可以在职业前加上姓或姓名，如"金老师"、"王教练"、"陈医生"等。

（5）性别式称呼。性别式称呼是最常用的称呼方式，一般约定俗成地按性别的不同称呼小姐、女士、夫人或先生。"先生"用于称呼成年男子（在美国特指 12 岁以上的男子）；"小姐"用于称呼未婚女性，"太太"用于称呼已婚女性，未婚或已婚女性都可称为"女士"。

2. 称呼的禁忌

（1）错误的称呼。误读，念错名字；误会，主要是对被称呼者的年纪、辈分、婚否，以及与他人的关系作出了错误的判断。

（2）无称呼。不能用"喂"、"哎"、"下一个"、"那个人"等来称呼他人。

（3）不适当的地方性称呼。带有明显地方特色的称呼，地域局限性很强，如伙计、堂客、婆姨、师傅、龟儿子等。

（4）庸俗的称呼。有些称呼在正式场合不适合使用，如"兄弟"、"哥们儿"、"老大"、"小姐妹"等，虽然听起来亲切，但显得档次不高。

（5）称呼绰号。不要擅自给他人起外号，不要用道听途说来的外号称呼对方，也不要随意拿别人的姓名开玩笑。尊重一个人，必须首先学会尊重其姓名，每个人都极为看重自己的姓名。

（6）容易产生歧义的简称。在使用职务式称呼和职称式称呼时可用简称的方式表达，但要特别注意，以免简称产生歧义，如"范局（饭局）"、"隋处（随处）"、"吴工（蜈蚣）"等。

（二）介绍礼仪

介绍是人际交往中与他人沟通、增进了解、建立联系的一种最基本、最常规的方式，是建立人际交往关系的起点，没有介绍的见面就像观看演出没有入场券一样。正确地利用介绍，就能消除交往中的误会，减少麻烦。介绍一般分为自我介绍和为他人作介绍两种，总体原则为：举止得体、顺序正确、称谓得当、语气谦恭。

1. 自我介绍

在人际交往中，恰当的自我介绍可以给对方留下深刻的印象，体现一个人良好的气质、修养、思维和口才等，还可以树立自信、大方的个人形象。自我介绍的主要目的：一是想了解对方的情况，二是希望对方了解自己的情况。

（1）自我介绍的形式。根据交往目的，可灵活运用以下五种介绍方式：

1）应酬式。适用于某些公共场合和一般性社交场合。这种自我介绍最为简洁，往往只包含姓名一项，侧面反映出没有深入交往的意愿。例如：

您好，我叫李刚。

2）公务式。适用于工作场合，包括姓名、单位、部门、职务等工作交往所需的基本信息。例如：

您好，我叫李刚，是××大酒店的人力资源部经理。

3）交流式。适用于希望跟对方进行深入的交流与沟通，包括介绍者的姓名、职业、籍贯、兴趣爱好，以及与交往对象某些熟人的关系。例如：

您好，我叫李刚，现在在××大酒店工作，我也是××学院03届毕业生，看来我们是校友呀！

4）礼仪式。适用于讲座、报告、演出、庆典仪式等一些正规、隆重的场合，介绍内容可包含姓名、单位、职务等，还应多加入一些适宜的谦辞、敬语，以示礼待交往对象。例如：

各位同学，大家下午好！我叫李刚，是××大酒店的人力资源部经理。很荣幸，今天有机会来给大家做一个关于"职业生涯发展"的讲座。

5）问答式。适用于应试、应聘和公务交往。此类自我介绍讲究问什么答什么，有问必答。

（2）注意事项。一般情况下，地位低者应先作介绍，表达对地位高者的尊重。介绍之前可以先向对方点头示意并递送名片，得到回应后再介绍自己的姓名、身份、单位等。时间最好控制在30秒内，如无特殊情况，最好不要超过1分钟。这30秒的"自我推销"应包含足够的有关你自己的信息以及与接下去的谈话相关的内容。自我介绍宜在对方空闲时，选择幽静的环境进行，适用于正式场合且对方比较专注时。介绍时要做到表达清晰、风趣、真实、流畅；态度真实诚恳、彬彬有礼，不能唯唯诺诺、虚张声势、轻浮夸张。

2. 为他人作介绍

在人际交往活动中，经常需要有人为双方间的沟通架起人际关系的桥梁。为他人作介绍，又称第三者介绍，是经第三者为彼此不相识的双方引见、介绍的一种交际方式。为他人作介绍通常是双向的，即对被介绍的双方各作一番介绍。

（1）选择合适的介绍人。

1）家庭式的社交活动中，一般由女主人充当介绍人；

2）公务或商务交往中，一般由专职的公关或秘书人员充当介绍人；

3）一般社会交往中，一般由双方的熟人充当介绍人；

4）重要的公务活动或国际接待中，一般由职务或地位最高者充当介绍人。

（2）了解介绍的顺序及原则。在为他人作介绍时，首先，要了解双方是否有结识的意愿，避免贸然介绍。其次，要讲究介绍的顺序。介绍顺序一般为：先介绍下级，后介绍上级；先介绍晚辈，后介绍长辈；先介绍男士，后介绍女士；先介绍家人，后介绍同事、朋友；先介绍主人，后介绍来宾；等等。遵守"尊者居先"的原则，即身份较高者有优先了解情况的权利。

（3）注意事项。介绍人为被介绍人作介绍之前，应先征求被介绍人的意见。介绍时，介绍人与被介绍人之间应成三角之势，三方都应起立，以示尊重和礼貌（如图4—1所示）。待介绍人介绍完毕后，被介绍双方应微笑点头示意、握手致意、彼此问候，必要时还可以进一步作自我介绍并交换名片。

图4—1　为他人作介绍

二、握手礼仪

由于文化背景、风俗习惯以及沟通场合、熟识程度等的不同，人们见面致意的礼节是丰富多样的，如点头、鞠躬、握手、亲吻、拥抱等。其中，握手礼是国际交往中最通行、最常用的见面礼，是人类在长期的交往中逐渐形成的礼仪方式。相传在刀耕火种的年代，人们经常持有石块或棍棒等武器，陌生人相遇时，为表示没有敌意，双方便放下手中的武器，并伸出手掌，让对方抚摸掌心，以表示信任。今天，握手通常是人与人之间的第一次身体接触，对方给自己一种什么感觉，以及由此引发的认识、评价，与握手礼仪直接相关。

（一）握手的时机

看起来简单的握手，却蕴含着繁多的礼仪细节，承载着丰富的交际信息：友好、欢迎，感激、慰问，理解、信任，谅解、鼓励……人们可以在见面、分别、问候、祝贺、表示友好、获得成功等时候行握手礼。握手还见证了许许多多重要的历史性时刻。1972年2月，美国总统尼克松飞越太平洋，在北京与中国总理周恩来完成了一次历史性的握手（如图4—2所示）。

图4—2　历史性的握手

（二）握手的方式

握手时应起身站立，上身微微前倾；距离对方一步左右伸出右手，四指并拢、拇指张开，右手掌与地面垂直，指尖稍稍向下；握住对方右手手掌，上下晃动三次，时间以

3～5 秒为宜。初次见面，握手时间不可过长，以不超过 3 秒为宜。与女士握手时间不宜过长，握住女士的手不放，是很不礼貌的。握手时，双方应热情、友好地注视对方，用力适度且均匀。

（三）握手的顺序

一般情况下，讲究"尊者居先"，即由身份较高者首先伸手。具体而言，握手时双方伸手的先后顺序大体包括以下几种情况：女士同男士握手时，应由女士先伸手；长辈同晚辈握手时，应由长辈先伸手；上级同下级握手时，应由上级先伸手；宾客抵达时，应由主人先伸手，以示欢迎，宾客告辞时，应由宾客先伸手，以示请主人就此留步；一人与多人握手时，既可按照"尊者居先"的顺序，也可按照由近及远的顺序。当然，这些是一般性原则，有时也可以根据具体情况和对象灵活应对。

（四）握手的禁忌

1. 忌心不在焉

握手时不能东张西望、心不在焉、上下打量，也不能嘴叼香烟或一只手插在口袋里，尤其是对待女性。

2. 忌伸出左手

在很多国家，像新马泰地区或印度等国，人们的两只手往往有明确分工。右手一般是做清洁友善之事，如递东西、抓饭吃或行礼；左手则是干所谓的不洁之事，如沐浴更衣、去卫生间。所以，握手时千万不可伸出左手。

3. 忌戴手套或墨镜

根据国际惯例，应摘掉手套、墨镜握手，以示对对方的尊重。但女士在社交场合戴着的薄纱高袖手套除外，因为女士所戴的薄纱高袖手套属于社交装扮，与无袖礼服配套，可以不摘。

4. 忌交叉握手

尤其是与西方人握手时，应力戒此举。两人握手时与另外两人相握的手形成交叉状，这种类似十字架的形状被认为是不吉利的。

5. 忌脏手相握

不要用肮脏不洁或患有传染性疾病的手与他人相握。也不可在与人握手之后立即揩拭自己的手掌，好像与对方握一下手就会使自己受到"污染"似的。

握手禁忌示意如图 4—3 所示。

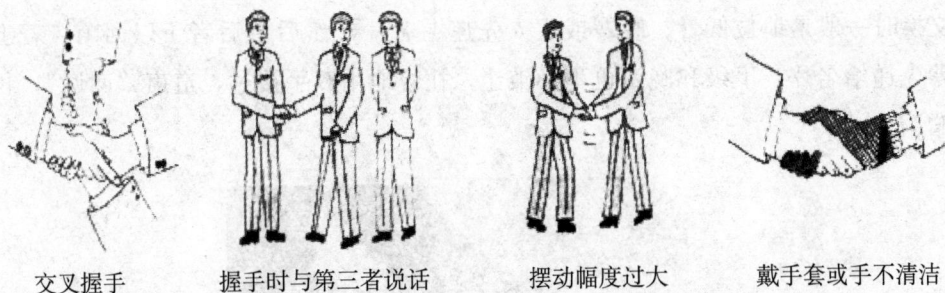

| 交叉握手 | 握手时与第三者说话 | 摆动幅度过大 | 戴手套或手不清洁 |

图 4—3　握手的禁忌

三、名片礼仪

名片是一个人身份的象征，简单标明了个人的相关信息，在各种正式或非正式活动中被普遍使用。在现代社交活动中，没有名片的人往往是没有社会地位的人。特别要注意的是，一个不会使用名片的人更是没有社交经验的人。

（一）名片携带

携带名片应注意以下三点。一是足量携带。所带的名片要确保够用，并分门别类，根据不同的交往对象使用不同的名片。二是完好无损。名片应妥善放置在名片夹或名片架上，保持干净整洁，不可出现褶皱、破烂、肮脏、污损、涂改的情况。三是手到擒来。男士可将名片置于西装内口袋或名片夹、公文包里，女士可将名片置于手提包内，不可随便放在钱包或裤袋中。

（二）名片交换

参加社交活动时，宜随身携带名片。特别是在初次见面时，出于礼貌或有意与之继续交往，应适时递上自己的名片。

递接名片时，位置应高于腰、低于胸。如果是单方递接，应用双手递、双手接（如图 4—4 所示）；若双方同时交换名片，则应右手递、左手接，自己的名片不可高于对方。递名片时，注意正面正向，即对方看到的名片内容是以本国官方语言显示的，文字正向。将名片递给对方时，可以说"请多指教"、"今后保持联系"、"很高兴认识您"等谦辞敬语，或简单作一下自我介绍。接受对方的名片时，不论有多忙，都要暂时放下手中的事情，起身站立相迎，面含微笑，向对方致谢，并自上而下、从正到反认真看一遍，遇有显示对方荣耀的身份或头衔时，不妨轻读出声，以示尊重和敬佩。接过别人的名片后切不可随意摆弄或扔在桌子上，也不要随便塞在口袋里或丢在包里，而应将其谨慎地置于名片夹、公文包或西装内口袋中，也可暂时摆在桌面上显眼的位置，但注意不要在名片上压放任何物品。

　　交换时一般是地位低者、晚辈或主人先递上名片，然后由后者予以回赠。若上级或长辈先递给名片，下级和晚辈也不必谦让，礼貌地用双手接过，道声"谢谢"，再予以回赠。

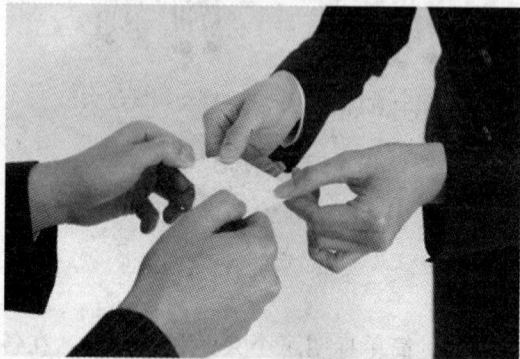

图4—4　递接名片

　　（三）索要名片

　　索要名片可以采取下列办法：

　　（1）交易法，即以名片换名片。在主动递上自己的名片后，对方按常理会回赠一张他的名片，也可在递上名片时表明此意："可不可以与您交换一下名片？"

　　（2）明示法，即直接、明确地向对方索要。适用于比较熟悉的朋友之间，并非初次见面的情况下。

　　（3）谦恭法，即用恭谨、含蓄的语言暗示对方。例如，向尊者索要名片时可以说："请问今后如何向您请教？"

　　（4）联络法，即表达希望今后与对方保持联系的愿望。适用于平辈、晚辈或向下级表达此意，可以说："请问今后怎样与您联系？"

　　面对他人的索取，不应直接拒绝。如确有必要这么做，则应注意分寸，最好向对方表示自己的名片刚用完或说自己忘了带名片，但若自己手里正拿着名片或刚与他人交换过名片，则不宜拒绝。

　　（四）名片的其他妙用

　　名片还有一些其他的妙用：一是去拜访他人时，对方不在，可将名片留下，对方回来后看到名片，就知道你来过了；二是把标有时间、地点的名片装入信封发出，可以代替正规请柬，又比口头或电话邀请显得正式；三是向宾客赠送小礼物或请人转交物品，可随带名片一张，附几句恭贺之词，无形中关系又深了一层。

拓展知识

有趣的称呼方式

英美等国

在英国、美国、加拿大、澳大利亚、新西兰等讲英语的国家里，人们的姓名一般由两部分构成：通常名字在前，姓氏在后。例如，在"理查德·尼克松"这一姓名之中，"理查德"是名字，"尼克松"是姓氏。在这些国家中，女子结婚前一般都有自己的姓名。但在结婚之后，通常姓名由本名与夫姓所组成，如"玛格丽特·撒切尔"这一姓名中，"玛格丽特"为其本名，"撒切尔"则为其夫姓。有些人的姓名前会冠以"小"字，如"小乔治·威廉斯"。这个"小"字，与其年龄无关，而是表明他沿用了父名或父辈之名。跟英美人士交往，一般应称其姓氏，并加上"先生"、"小姐"、"女士"或"夫人"，如"华盛顿先生"、"富兰克林夫人"。在十分正式的场合，则应称呼其姓名全称，并加上"先生"、"小姐"、"女士"或"夫人"，如"约翰·威尔逊先生"、"玛丽·怀特小姐"。对于关系密切的人士，往往可直接称呼其名，不称其姓，而且可以不论辈分，如"乔治"、"约翰"、"玛丽"等。

俄罗斯

俄罗斯人的姓名由三部分构成：首为本名，次为父名，末为姓氏。例如，在列宁的原名"弗拉基米尔·伊里奇·乌里扬诺夫"这一姓名中，"弗拉基米尔"为本名，"伊里奇"为父名，"乌里扬诺夫"为姓氏。女性的本名与父名通常一成不变，但其姓氏结婚前后却有所变化，婚前使用父姓，婚后则使用夫姓。在俄罗斯，人们口头称呼中一般只采用姓氏或本名。例如：对"米哈伊尔·戈尔巴乔夫"，可以只称"戈尔巴乔夫"或"米哈伊尔"。在特意表示客气与尊敬时，可同时称其本名与父名，如称前者为"米哈伊尔·谢尔盖耶维奇"，这是一种尊称。对于长者表达敬意时，方可仅称其父名，如称前者为"谢尔盖耶维奇"。"先生"、"小姐"、"女士"、"夫人"亦可与姓名或姓氏连在一起使用。

日本

日本人的姓名均用汉字书写，而且姓名的排列与中国一样，即姓氏在前，名字居后。所不同的是，日本人的姓名往往字数较多，且多由四字组成，其读音与汉字也大相径庭。为了避免出错，与日本人交往时，一定要了解其姓名之中，哪一部分为姓，哪一部分为名。女性婚前使用父姓，婚后使用夫姓，本名则一直不变。在日本，人们在日常交往时往往只称其姓，只有在正式场合才使用全称。称呼日本人，"先生"、"小姐"、"女士"、"夫人"皆可采用，一般可与其姓氏或全称合并使用，如"田中先生"、"宫泽理惠小姐"。

模块二　通信礼仪

一、电话礼仪

电话已成为现代社会中信息传递、人际交往的主要媒介或载体，掌握电话礼仪能够体现酒店服务人员的个人修养和工作态度，折射酒店整体形象，表达对通话对象的尊重，维护酒店美誉度，确保准确、高效、及时地处理信息，促进服务工作顺利开展。通话形象是指酒店服务人员在通话过程中给通话对象及其他在场者的总体印象，通过通话时的态度、语言、仪态等方面直观体现，通过时空选择、通话内容、准备情况等方面间接表现。

（一）拨打电话的礼仪

1. 时间选择

时间选择包括选择打电话的时间和通话时长。首先，选择打电话的时间。一般而言，应尽量避开在对方忙碌或者休息的时间打电话，如早上 7 点前或晚上 10 点以后、上班的前几分钟、傍晚烹饪时间段等。如果不得不打扰对方，电话接通后应首先道歉，并说明理由。为工作上的事，尽量不要占用对方的私人时间，特别是晚上。打国际电话时，还要考虑时差和生活习惯等问题。如果是打对方工作单位的电话，最好在对方上班 10 分钟后或下班 10 分钟前通电话，这样对方可以从容地接听电话。一般上午 10 点左右、下午 3 点左右通话效果比较好，尽量不要为私事打电话到对方的工作单位。其次，把握通话的时间长度。在正常情况下，打一次电话的时间最好不要超过 3 分钟，这称为"3 分钟原则"。打电话时要自觉地、有意识地控制通话长度，做到长话短说、废话不说。如果通话时间较长，最好先征询一下对方意见，若其不便，应另约时间。酒店服务人员给宾客打电话通常应在与对方事先约定的时间，或者选择宾客方便的时间。

2. 做好准备

（1）核实对方信息。拨打电话之前，必须准确无误地查好对方的电话号码，核实对方的姓名、性别、单位（部门）、职务等信息。

（2）列好通话内容。提前准备电话内容，做到提纲挈领，有条理地从最重要的信息开始讲起，这样就不会出现丢三落四、语无伦次或让对方不得要领的情况。通话内容要简明扼要、干脆利索，不要吞吞吐吐、东拉西扯，否则既浪费对方的时间，又会给对方留下"办事能力低下"的不好印象。

（3）选择合适地点。在选择通话地点时应考虑以下因素：一是通话内容是否具有保密性，一般不宜在大庭广众之下拨打；二是尽量不要在办公地点肆无忌惮地拨打私人电话。

3. 态度礼貌

因为电话双方只靠声音进行交流，所以打电话者和接电话者均应格外注意音量、语气及谈话内容，以便给对方留下美好印象。通话过程态度礼貌，要求做到耐心、细致、热情、周到，让人感觉你的声音在微笑。

（1）形象表现。酒店服务人员拨出电话后，要迅速礼貌地自报家门，并使用敬语来确定对方是要找的宾客，再礼貌地询问宾客是否方便接听电话。打电话时要全神贯注，暂时放下手头工作，仪态标准，不吃东西、不抽烟；如果通话中打喷嚏或咳嗽，应向对方表示歉意。打电话前准备纸笔，以便记录通话内容，复述重点部分并加以确认。耐心拨打，拨打电话应过 6 声，避免未到 3 声就挂断或反复拨打。

（2）语言表达。电话用语应礼貌、热情；语气温和、亲切、自然，避免生硬傲慢、拿腔拿调；发音清晰、音量适中；语速平缓，与当面交谈相比，通电话时语速应适当放慢；尽可能使用精练、简短的语言，这样不仅节省时间，而且有助于提高声音的清晰度；若打错电话，应向对方致歉，不可一言不发就挂断电话；为了保证良好的通话效果，话筒与嘴部应保持 2～3 厘米的距离，话筒轻拿轻放。

（3）挂断电话。酒店服务人员在与宾客结束通话前要向宾客表示感谢，如"非常感谢您接听电话，期待你的光临，再见"。酒店服务人员应牢记"让宾客先挂电话"的原则。

（二）接听电话的礼仪

由于具体情况不同，接听电话可分为本人接听和他人代接。

1. 本人接听

接听电话是否及时，反映出酒店服务人员的工作效率及态度。在电话礼仪中，应遵循"铃响不过三"的原则，其含义是：接听电话时，以铃响三次左右拿起话筒最为适当。铃声才响过一次就拿起话筒显得操之过急，没有给人准备的时间；如因特殊原因致使铃响过久才接电话，须在通话之初向发话人表示歉意。接起电话后先作自我介绍，并向对方问好，如："早上好/下午好/晚上好！××酒店××部门的××，很高兴为您服务。"聚精会神地接听电话，不可心不在焉。通话结束时，不要忘记向宾客道声"再见"。若接听到误拨进来的电话，要耐心向对方说明，如有可能还应向对方提供帮助，或为其代转电话。

2. 他人代接

在为他人代接电话时，若当事人不在，应首先向对方说明情况，了解对方的姓名、电话、单位名称，问清是否可代为转达相关事宜，做好相关记录。应左手持听筒，右手做记录，重要内容必须复述并确认。若当事人在场，可热情地为对方提供转接电话的便利。

（三）接打电话的注意事项

两部电话同时响起，应先接其中一部，向对方致歉，请其稍等一下，然后迅速接听另一部电话。接起第二部电话，向对方说明原因（如正在接听其他电话），记录对方的联系方法，明确告知需要等待的时间，稍后给其回电。挂断第二部电话，再次向第一部电话中等候的宾客致歉。

宾客的电话不要接听。酒店服务人员在进行客房服务时，房间电话铃响了，如果宾客在房间，应提醒其有来电；如果宾客不在房间，不要随便接听宾客的电话，因为客房出售后，房间内所有物件的使用权归属宾客，电话属于宾客的私人电话，服务人员不该接听，否则很可能引起不必要的麻烦。更不允许服务人员使用客房电话与他人通话。

二、手机礼仪

目前，在各种现代化的通信手段中，手机使用越来越普遍，成为现代通信工具的重要组成部分，其功能也随着科技的进步日益强大。由于手机携带方便、联系快捷，不受时间、地点的限制，所以备受人们的喜欢。在使用手机时，除了遵守电话礼仪要求外，还应注意手机使用规范。

（一）放置到位

一线岗位的酒店服务人员，工作时间内原则上不得随身携带手机，应将其放置在储物柜中。若随身携带手机，最佳放置位置有两处：一是公文包里，二是上衣口袋内。不要将其挂在腰间或悬挂于胸前。正式场合中，切不可拿在手中，或有意识地将手机展示于人。

（二）遵守公德

在公共场所，特别是在马路、电梯、公园、商场，酒店大堂、餐厅或客房走廊区域等地方使用手机，应压低声音，不可旁若无人。在需"保持安静"的场合，如图书阅览区、音乐演出厅、展览会议场馆等地不能使用手机，如果是重要电话，可暂时离场接听或以短信方式联系。在重要场合，应将手机设为"静音"或"振动"状态。

（三）注意安全

驾驶车辆时不能使用手机，以避免交通事故发生；乘坐飞机时要关闭手机，以免发出的电子信号干扰飞机的导航系统；在加油站或医院停留期间，也不准开启手机，否则有可能酿成火灾或影响医疗仪器设备的正常使用。此外，在一切标有文字或图示禁止移动通信工具的地方，均应遵守规定。

（四）铃声选择

在使用个性化铃声时，要注意不能有不文明的内容，选择优雅、舒缓的音乐，避免搞笑、急凑、夸张的音乐惊扰到旁人。此外，铃声音量不能太大。

（五）考虑他人

拨打手机应考虑时间及对方是否方便；在没有事先约定或和不熟悉的人联系时，尽量不打对方手机。

（六）不能偷拍

在用手机对他人拍照或者摄影时，应该征得对方的同意，不要在车厢、剧院、餐厅等地方用手机对着陌生人拍照；即便对方允许你拍照，也不能未经对方同意将其照片转发给其他人欣赏，甚至放到网络上广为传播。

（七）短信礼仪

在需要保持安静的公共场所，或在与他人交流时，应将短信接收提示音调至"静音"或"振动"状态。与人谈话时，不可查看或编发短信。编发短信的用语应规范准确、表意清晰、简明扼要，短信内容后需有落款。不编发违法违规或不健康的短信，不随意群发短信。

三、网络礼仪

网络的日益普及，为越来越多的人带来高效与便捷。虽然网络是一个较为自由的空间，但适当的规范必须遵守。网络礼仪是指在网络交际活动中形成的一套约定俗成的礼节和仪式，换言之，就是人们在互联网上交际所需遵循的礼节、一系列规范人们网上言行的准则。

电子邮件（E-mail）是利用互联网向交际对象发出的一种无纸化信件。其收发过程与普通邮件的收发过程相似，是通过"电子邮件服务器"发信和收信。电子邮件既可以作为信件，也可以用附件方式传递重要文件和信息。其长度几乎不受传统书信邮寄的时空限制，而且不论距离多远，几分钟内即可到达且价格便宜甚至免费。因此，电子邮件逐渐成为人们进行远程通信的一种重要方式。通过电子邮件与对方联系时，应注意以下原则：

（一）主题明确

一封电子邮件一般只有一个主题，并且需要在"主题"栏里注明。主题应提纲挈领，让收件人一目了然。电子邮件的内容与格式应与平常信件一样，既可以如书面交谈，也可以是正式信函的风格，称呼、敬语、落款不能少，必要时可在落款处注明地址、电话等联系方式。

（二）内容编辑

撰写电子邮件时应慎重，邮件内容应简明扼要，与通信者的身份相符。邮件内容应积极向上，不可撰写或传播污秽的言论，也不可使用挑衅的语言或脏话，忌全文使用英文大写字母。若无必要，不要轻易向他人乱发电子邮件。从安全角度考虑，机密性、敏感性的问题不宜使用电子邮件传递。注意附件格式，特别是一些比较小众或专业性强的软件格式，最好另附相应的安装程序，以便收件人能够顺利阅读邮件内容。

（三）及时回复

一般而言，收到他人的重要电子邮件应立即回复。如果来不及作详细回复，应先回信告诉对方已经收到来信。回复来信，可摘录部分来信原文，逐条对应进行回答。养成每天或定期查看电子邮件的习惯，发现有用的信件可以下载至档案中保存，不需要的邮件应清除。

（四）发送技巧

发送邮件时，要认真核对收件人的邮件地址，准确输入，当要把信件发送到多个邮件地址时，最好能分别发送。除了最常用的收件人（TO）选项外，可灵活使用抄送（CC）、密送（BCC）功能。

四、传真礼仪

传真是利用光电效应，通过安装在普通电话线路上的传真机，对外发送或接收外来的文件、书信、资料、图表、照片的一种现代化的通信联络方式。传真机是现代办公室非常重要的通信工具之一。在使用传真机对外联络时，应遵循以下礼仪规范：

（一）正常使用

检查传真机，确保传真机开启并处于正常的工作状态，纸匣中装满干净的纸。无人在场的情况下，应将传真机设置为自动接收状态。

（二）信息准备

发传真前，应准确获取接收方的传真号码、工作单位、部门等基本信息。在不明确的情况下，不得草率行事，否则不但会影响双方的工作，还会泄露企业信息。对方传真若是非自动接收状态，在电话接通后，应先问候对方，表明身份，再告诉对方事由，打消对方的疑虑或担忧。得到对方认可后，礼貌要求对方给予传真信号，并表示感谢。

（三）格式完整

在发送传真时，应确保传真文件格式的完整性，养成使用传真首页纸的习惯。发件方应在传真上注明己方公司名称、发件人姓名、发送时间、联络方式和传真件的总页数。同时，应写明接收方的姓名、所在公司、部门、联络方式等信息。所有这些均应写在传真内容的上方，不得触边。如果传真的内容不止一页，应按顺序编页码。由于传真机的传输速度远低于电子邮件，页数较多的文件不适合通过传真机传输。

（四）内容清晰

发送传真时应尽量使用清晰的原件，避免发送后出现内容看不清楚的情况。接收方所接收的文件格式越完整、内容越清晰，则反应和回馈的速度越快，工作效率也就越高。

（五）正文规范

传真内容的正文部分，尽量不要使用口语，标点断句要准确，逻辑清晰，最好分段落或用序号、短语精确地表达，使接收方能迅速地掌握相关信息。另外要注意的是，对于需要严格保密的内容，最好不要使用传真机传送，避免重要信息泄露。

（六）及时确认

传真发出，应立即提醒接收方查收，以免传真件被误取或遗失；收件方也应给予及时回复，明确告知对方已完整收到传真，并会马上处理。信息的传递、接收和反馈，是一个循环的过程，这样沟通才顺利而高效。

（七）其他规范

传真完毕后，应记住取走传真原件，避免信息泄露。有必要的话，做好传真件的整理、归档工作。一般情况下，不要使用公司传真机发送私人传真件。

拓展知识

TO、CC、BCC 的妙用

电子邮件中 TO 为"收件人"选项、CC 为"抄送"选项、BCC 为"密送"选项。

抄送功能用于同一份邮件需要发送给多个人阅读的情况。只要在抄送栏填上相关人员的邮箱地址，并用逗号隔开，即可发送到相应的邮箱。收件人、被抄送人都知道该邮件发给了多少人。密送功能用于因为某种原因或考虑，发件人不希望收信人知道自己把这封邮件还发送给了其他人，则可将这个人的电邮地址输入密送栏内。例如，A 发送邮件给 B1、B2、B3，抄送给 C1、C2、C3，密送给 D1、D2、D3，则：A 知道自己发送邮件给了 B1、B2、B3，并且抄送给了 C1、C2、C3，密送给了 D1、D2、D3；B1 知道这封邮件是 A 发送给 B1、B2、B3 的，并且抄送给了 C1、C2、C3，但不知道密送给了 D1、D2、D3；C1 知道这封邮件是 A 发送给 B1、B2、B3 的，并且抄送给了 C1、C2、C3，但不知道密送给了 D1、D2、D3；D1 知道这封邮件是 A 发送给 B1、B2、B3 的，并且抄送给了 C1、C2、C3，而且密送给了自己，但不知道密送给了 D2、D3。

模块三　　馈赠礼仪

馈赠是一种非语言的交际方式，以物的形式出现，以物表情、礼载于物，起到寄情言意的作用。得体的馈赠行为，恰似无声的使者，为人际交往锦上添花，能够恰到好处地向受赠者表达自己友好、敬重或其他某种特殊的情感，并因此让受赠者产生深刻的印象。无论出于交往、巩固或维系人际关系、祝贺答谢等目的，还是为了某些合理的利益，任何馈赠动机都应该是高尚的，以表达情意为重。如果赠送的目的不明确，就很难使对方满意，切不可"物不达意"，张冠李戴、毫无目的地送礼会让人啼笑皆非。

一、馈赠的基本原则

馈赠作为社交活动的重要手段之一，为古今中外人士普遍肯定。大凡送礼之人，都希望自己所送礼品能寄托和表达对受礼者的敬意和祝颂。酒店在为宾客选择礼品时，应遵守以下原则。

（一）轻重得当

礼物是言情、寄意、表礼的，是人们情感的寄托物。人情无价物有价，有价的物只能寓情于其身，而无法等同于情。"折柳相送"也常为文人津津乐道，赠柳的寓意有二：第一，表示挽"留"（柳），因柳枝在风中飘动的样子如人惜别的心绪；第二，祝愿友人如柳，能随遇而安。如果仅就礼品本身的物质价值而言，可能的确很轻，对于受礼人来说甚至是微乎其微，然而它所寄寓的情意是浓重的。

（二）选时择机

就馈赠的时机而言，及时、适宜是最重要的。中国人很讲究雨中送伞、雪中送炭，即十分注重送礼的时效性。因此，要注意把握馈赠的时机，包括时间的选择和机会的择定。拜访时向主人赠送礼品，应选择在起身告辞之时；向交往对象贺喜时，应在双方见面之初；出席宴会时向主人赠送礼品，可在起身辞行时或餐后用水果之时；观看文艺演出，可酌情为主要演员预备一些礼品，并在演出结束后当面赠送；外出考察时，如果接待单位向自己赠送了礼品，最好适当回赠一些礼品；专门为接待或工作人员准备的礼品，应当在抵达后尽早赠送给对方；作为东道主接待外国来宾时，可在外宾向自己赠送礼品后回赠，或在外宾临走前赠送。

（三）投好避忌

礼品是现代社会中非常常见的人际交往媒介，是为了表示对他人的尊重、敬意、友谊、纪念、祝贺、感谢、慰问等，而特意相赠的物品。俗话说："送人千金礼，不如投其好。"选择礼品是一门艺术，要有心、用心、上心，善于表达自己的心意。可以通过仔细观察或打听了解受礼者的民族文化、生活习俗、宗教信仰、兴趣爱好等，把握避其禁忌的原则，有针对性地挑选合适的礼品，尽量让受礼者感觉到馈赠者的独具匠心，收到礼品后产生愉悦、惊喜之感，从而加深感情、增进友谊，所以礼品的选择应当考虑周到。

二、选择礼品

当礼以物的形式出现时，礼品本身也就有了价值和使用价值，因为人们经济状况不同、文化程度不同、追求不同，对于礼品的实用性要求也就不同。一般来说，在物质生活水平较低时，人们多倾向于选择实用性的礼品，如食品、水果、服饰、日用品等；在物质生活较为富足时，人们则倾向于选择艺术欣赏价值较高、趣味性较强或具有思想性、纪念性的礼品。美国作家欧·亨利在其著名的小说《麦琪的礼物》里讲了这样一个故事：一位妻子十分想在圣诞节来临时送给丈夫一份礼物，她盼望能买得起一条表链，以匹配丈夫祖上留下的一只表。因为没有钱，所以她把自己秀丽的长发剪下来卖了。圣诞之夜，妻子为丈夫献上了自己的礼物——一条精美的表链。丈夫也在惊愕之中拿出了他献给妻子的礼物——竟是一枚精致的发卡。原来，丈夫为给妻子买礼物把自己的表卖了。这时，他们紧紧地拥抱在一起，彼此的爱成为这圣诞之夜唯一的却是最珍贵的礼物。

好的礼品在于它的合适、有特色和有意义，在选择时，应考虑其宣传性、纪念性、民族性、时尚性、便携性、针对性等特点。比如送礼品给外地的朋友，可以选本地的土特产；倘若带礼品回家送朋友，也应选购一些当地的土特产。虽然这些礼品不贵，但很受欢迎。赴国外参观访问，应带些具有中国民族特色的工艺品，或具有本单位特色的礼品赠送异国朋友。向外国友人馈赠礼品时，选择具有民族特色的工艺品最稳妥，如青花瓷、中国结、茶叶礼盒、丝绸等商务礼品。

三、馈赠技巧

（一）赠送礼品的礼仪

馈赠方式主要可分为以下两大类：

一是亲自赠送。首先，起身站立，用双手将礼品递给对方（如图4—5所示）；其次，为了表明重视程度，赠礼时可说一两句客套话，如"这是我们特意挑选的，希望你会喜欢"，"感谢您的关心（帮忙或支持）"。不要说"没有准备，临时买来的"，"不是什么好东西，凑合着用吧"，"一点小东西，真不好意思拿出手"之类的话，它会使你的礼物和

图4—5 双手递礼物

110

心意变轻、变淡。这类话在外国人耳里不中听，会被对方认为是在贬低他。当别人感谢和赞扬你送的礼品时，应报以微笑，说"真高兴您喜欢它"。

二是邮寄赠送、托人赠送。应附礼笺，说明缘由，附上祝福之词并署名。国际交往中，要特别注意礼品的包装。精美的包装是礼品的重要组成部分，它使礼品外观更具有艺术性和高雅情调，也显示了赠礼人的情趣和心意。好的礼品若没有讲究的包装，不仅会使礼品逊色，使其内在价值大打折扣，使人产生"人参变萝卜"的缺憾感，而且易使受礼人轻视礼品的内在价值，无谓地折损了由礼品所寄托的情谊。所以，礼品包装时所用的一切材料，都要尽量择优（如图4—6所示）。

图4—6　精美的礼物包装

（二）接受礼品的礼仪

接受礼品时，要落落大方，用双手接。由于传统习惯的不同，在日本、韩国、新加坡、中国等东方国家，人们一般不当面打开礼品，只表示感谢，正如我们中国人往往不好意思当面打开受赠的礼物。如果你与西方人交往，收到礼品时应立即表示感谢，如果打开包装，欣赏一下所收到的礼品，并表示"我很喜欢"或"我正需要这个"，对方一定会十分高兴。西方人送礼时经常会附上卡片，表示祝福的心愿。收到附有卡片的礼物时，应先读卡片再拆礼物。不急于打开礼物，表明受礼人重视的是送礼这一行为，而非礼物本身。

接受别人转交或邮寄的礼品，或在盛大的活动中无暇或不方便打开礼品表示感谢的情况下，可通过打电话、信件、邮件的方式致谢，也可在以后再次与对方相见时，提及自己很喜欢对方所赠送的礼品。

(三) 回赠礼品的礼仪

接受了别人的礼品后，一定要考虑适当的回赠，礼尚往来在人际交往中是非常讲究的。接受了礼品，就是接受了对方的心意，通过回赠，可以表示感谢之情。回赠也应当选择恰当的时机，尽量不要在刚接受对方礼品后随即还礼，这样显得很庸俗，还会让对方感到很紧张。如果是宾客拜访时送礼，可以在宾客临走时回赠，或是隔一段时间之后登门回拜，也可以另选其他时机，如在节日、喜庆之时赠送适当的礼品。

(四) 拒收礼品的礼仪

由于某种原因，如碰到并不熟悉的人送的极其昂贵的礼品、暗含违法乱纪行为的礼品、接受后或许会受到对方控制的礼品等情况，不能接受对方的礼品，应礼貌、婉转地拒绝或将礼品退回，态度从容、自然、友好。退回礼品要及时，最好不要超过 24 小时；如果送礼人是善意的，应向其说明退回的原因，并表示感谢；如果送礼者不怀好意，则只需告诉礼品不合适便可。

四、送礼禁忌

在人际交往过程中，第一，忌送有价证券和过于昂贵的礼品，否则有行贿之嫌，也违背职业道德。第二，忌送容易产生误解的礼物。挑选礼品的时候，特别是涉外活动中，在为外地人士或外国人挑选礼品时，应当有意识地使礼品不与对方所在地的风俗习惯相矛盾，以免产生误解。如在我国的大部分地区，忌讳向老年人送发音为"终"的钟；恋人们反感送发音为"散"的伞和发音为"离"的梨；男士不可以给女士送内衣和鞋袜之类的礼品；不可以给参加商务活动或比赛的人送书，不可以给朋友送刀剪或手帕等。还有些地区和民族对礼品的颜色、图案和数量有所忌讳，应当注意了解。选择礼品时，应考虑受礼者的个人情况，如对高血压患者不宜送含高脂肪、高胆固醇的食品，对糖尿病患者不宜送含糖量高的食品。

礼仪故事

千里送鹅毛，礼轻情意重

唐贞观年间，西域回纥国是大唐的藩国。一次，回纥国为了表示对大唐的友好，便派使者缅伯高带着一批奇珍异宝去拜见唐太宗。在这批贡物中，最珍贵的要数一只罕见的珍禽——白天鹅。使者缅伯高最珍爱的就是这只白天鹅，一路上，他亲自喂水喂食，一刻也不敢怠慢。

这天，缅伯高来到沔阳河边，只见白天鹅伸长脖子，张着嘴巴，吃力地喘息着。缅伯高于心不忍，便打开笼子将白天鹅带到水边让它喝了个痛快。谁知白天鹅喝足了水，一扇翅膀"扑棱棱"飞上了天。缅伯高向前一扑，只拔下几根羽毛，却没能抓住白天鹅，眼睁睁看着它飞得无影无踪。一时间，缅伯高捧着几根雪白的鹅毛，直愣愣地发呆，脑子里来来回回地想着一个问题：怎么办？拿什么去见唐王呢？回去也没有颜面见回纥国国王了！思前想后，缅伯高决定继续东行，他拿出一块洁白的绸子，小心翼翼地把鹅毛包好，又在绸子上题了一首诗："天鹅贡唐朝，山重路更遥。沔阳河失宝，回纥情难抛。上奉唐天子，请罪缅伯高，物轻人意重，千里送鹅毛！"缅伯高带着珠宝和鹅毛，披星戴月、不辞劳苦，终于到了长安。唐太宗接见了缅伯高，缅伯高忐忑地献上鹅毛。唐太宗看了那首诗，又听了缅伯高的诉说，非但没有怪罪他，反而觉得缅伯高忠诚老实、不辱使命，还重重地赏赐了他。

模块四　宴请接待

一、宴请的形式

宴请是为了表示欢迎、答谢、祝贺、喜庆等而举行的一种隆重的正式餐饮活动，是待客礼仪的重要内容。大至国宴，小至私人宴请，生活中每个人都有宴请他人或被他人宴请的经历。"夫礼之初，始于饮食"，我国有着数千年的饮食文化传统，对宴会规格、组织安排、菜肴准备等方面特别讲究，而外国人更注重进餐时的气氛、环境、衣着等，强调精神享受，但都反映出人们对礼仪追求的共性。

在现代社会，私人交往和公务往来非常普遍和频繁。宴请是社交活动中一个极重要的形式，通晓其中礼仪，对提高社交能力和提升个人修养是大有裨益的。按照不同的划分标准，宴请有不同的形式。

（一）按性质划分

1. 礼仪性宴请

礼仪性宴请是为欢迎国宾来访、庆祝国庆等重要节庆活动而举行的宴请。这种宴请是出于礼仪上的需要，是一项有接待规格和礼宾程序的礼仪活动。

2. 交谊性宴请

交谊性宴请是为表示友好、发展友谊而举行的宴请，如接风、送行、告别等。这种宴请没有严格的形式或规格，要求体现亲切、友好，气氛热烈，能达到发展友谊的目的即可。

3. 工作性宴请

工作性宴请是为解决特定的工作问题而举行的宴请，以便席间商谈事宜。

（二）按形式划分

根据宴请的目的、出席人员的身份和出席人数的多少，可将宴请分为宴会、招待会、茶会和工作餐会等。

1. 宴会

宴会是比较正式和庄重的宴请活动，盛情邀约贵宾聚餐。按隆重程度、出席规格，可分为国宴、正式宴会、便宴、家宴；按举行时间，可分为早宴、午宴、晚宴，一般来说，晚上举行的宴会较白天举行的宴会更为隆重。

国宴是国家元首或政府首脑为国家举行的庆典，或为外国元首、政府首脑来访而举行的正式宴会，因而规格最高。宴会厅内悬挂国旗，安排乐队演奏国歌及席间乐。席间有致辞或祝酒程序，主、宾双方按身份排位就座，礼仪规范严格。

正式宴会通常是政府或团体等为欢迎应邀来访的宾客，或来访的宾客为答谢主人而举行的宴会。除不挂国旗、不奏国歌以及出席规格不同外，其余安排大体与国宴相同。有时也安排乐队奏席间乐，主、宾双方均按身份排位就座。

便宴即非正式宴会，这类宴会形式简单，可不排席位，不作正式讲话，菜肴道数亦可酌减。西方人的午宴有时不上汤、不上烈性酒。便宴较随便、亲切，适用于日常友好交往。

家宴是主人在自己家中设便宴招待亲朋好友的宴请方式。西方人特别喜欢这种形式，既可用于亲友聚会，也可用于官方宴请或业务洽谈宴请。家宴往往由主人亲自下厨烹调，也可邀请宾客一同参与烹调，家人共同招待。

2. 招待会

招待会是指不备正餐，但备有食品、酒水饮料，通常不排席位，可以自由活动的，较为灵活简便、经济实惠的宴请形式，常见的有冷餐会和酒会。

冷餐会，又称自助餐会。这种招待会的特点是不排席位，菜肴以冷食为主，也可用热菜，连同餐具陈设在菜桌上，供宾客自取。宾客可自由活动，多次取食。酒水可陈放在桌上，也可由招待员端送。冷餐会可在室内或在院子里、花园里举行，可设小桌、椅子，宾客自由选位入座，也可以不设座椅，站立进餐。国内大型的冷餐会，往往设大圆桌与座椅，主宾席排座位，其余各席不固定座位，食品与酒水饮料均事先放置于桌上，招待会开始后，宾客自行进餐。

酒会，又称鸡尾酒会。这种招待会的形式较活泼、随意，便于广泛接触、交谈。招待品以酒水为主，略备小吃。不设座椅，仅置小桌（或茶几），以便宾客随意走动。酒会举行的时间亦较灵活，宾客可在请柬上注明的时间段内自由来去，不受约束。

3. 茶会

茶会是一种简便的招待形式。茶会通常设在客厅，厅内设茶几、座椅。通常不排席位，但如有某贵宾出席活动，入座时应有意识地将主宾同主人安排坐到一起，其他人随意就座。茶会，顾名思义是以茶会友，应以茶为主。因此，茶叶、茶具的选择要有所讲究，具有地方特色。一般用陶瓷器皿，不用玻璃杯，也不用热水瓶代替茶壶。外国人偏爱饮用红茶或咖啡，略备点心和地方风味小吃。

4. 工作餐会

工作餐会是现代国际交往中经常采用的一种非正式宴请形式，往往因为日程安排紧张而利用进餐时间边吃边谈，节省时间。此类活动一般只请与工作有关的人员，不请配偶。双边工作进餐往往排席位，用长桌更便于交谈。如用长桌，其座位排法与会谈桌席位安排相仿。

二、宴会的组织

一次宴会成功与否，能否达到预期的目的，要看宴会前的各项准备工作是否符合礼仪要求。

（一）确定宴请目的

由于设宴的目的是多样的，可以是洽谈项目、庆祝节日、接风迎客、践行话别等，因此设宴的规格、内容、形式也不尽相同。不但设宴方要清楚宴请的目的，还应尽可能让应邀者和承办者明了，这样才好配合，实现预期效果。

（二）确定宴请对象和范围

宴请对象是指设宴邀请的主要宾客，也就是举办宴会请什么人、请多少人、请到哪一个级别，同时也包括请一些有关单位和本单位的人员作陪。一般以设宴目的、宾主身份、国际惯例及主要宾客所在地的习俗为依据。宴请范围以"少"、"适"为原则，考虑宾主、宾客之间关系。若是多边关系，还要考虑政治因素。此外，主、宾双方赴宴的总人数以偶数为佳。

（三）确定宴请形式

宴请形式依设宴目的和宴请对象及范围，综合考虑拟订。一般来说，设宴目的隆重、宴请范围广泛，应以正式的、高规格的宴会形式为主；日常交往、友好联谊、人数较多的，以冷餐会形式或酒会形式更合适；群众性节日活动，以茶会居多。

（四）确定宴请时间

宴请的时间应以主、宾双方都合适为宜，不要选择对方工作繁忙的时间，最好先征求主宾的意见，以示尊重。欢迎宴会一般应安排在宾客抵达的当日或次日举行；告别（饯行）宴会通常安排在宾客离开的前一天或当天举行。宴请外宾时，注意不要选择对方的重大节假日、有重要活动或有禁忌的日子或时间。

（五）确定宴请地点

对于正式的宴会，较为传统的做法是安排在宾客下榻宾馆的外围场所进行，也可以安排在下榻宾馆举行。这样便于准备、安排和联络，且环境、卫生、安全、服务等条件相对有保障，并可节省路途时间。其余则按活动性质、规模大小、形式、主人意愿及其他实际情况而定。选定的场所要能容纳全体人员。举行正式宴会，在可能的条件下，宴会厅外应设休息厅，供宴会前短暂交谈用，待主宾到达后一起进宴会厅入席。

选择地点时应注意：（1）按宾客数量确定宴请地点；（2）按宴请规格确定宴请地点；（3）按宾客的意愿和地方特色选择宴请地点；（4）按主、宾双方熟悉程度、关系深浅选择宴请地点；（5）重要的宴会尽可能选择举办者比较熟悉或负有盛名的饭店或宾馆。

（六）确定邀请方式

1. 邀请名义

邀请既可以单位名义，也可以个人名义，但要注意身份对等。一般来说，邀请者应与被邀请的主要宾客在身份、职别、专业等方面尽量对等、对口。

2. 请柬

宴请活动一般均发请柬，这既是礼貌，也能对宾客起提醒备忘之用。请柬是比较常用的邀请形式，其内容包括活动形式、宴请时间及地点、服饰要求、交通路线、主人姓名等，如以单位名义邀请，则用单位名称。请柬的行文不加标点符号（括号除外），人名、国名、单位名、活动名称或节日名称均应为全称；被邀请人的姓名和职务只写在请柬信封上，且书写要准确。如果是正式宴会，最好能在发请柬之前排好席次，并在信封下角注上席次号。请柬发出后，应及时落实出席情况，做好记录，以便安排并调整席位。即使是不安排席位的活动，也应对出席率有所估计。

请柬一般提前一周至两周发出，有时需提前一个月，以便被邀请人及早安排。已经口头约妥的活动，仍应补送请柬，在请柬右上方或下方注上"To remind"（备忘）字样。需安排座位的宴请活动，为确切掌握出席情况，往往要求被邀者答复能否出席。遇此，请柬上一般用法文缩写注上"R. S. V. P."（请答复）字样，如只需不出席者答复，则可注上"Regrets onl"（因故不能出席请答复）字样，并注明联系方法。

3. 其他邀请方式

（1）邀请信：和请柬相比，更给人以亲切感，不像请柬那样显得刻板和公事化。

（2）电话邀请：利用电话邀请前，要列好提纲，避免通话时语无伦次或遗漏相关内容。

（3）口头邀请：适用于非正式的或小范围的宴请。有时不能一次得到对方的肯定答复，可再约时间敲定或用电话表达邀请的诚意，以得到对方最后正式答复为准。

（七）预订餐厅、确定菜单

宴请的菜单应根据活动形式和规格、时间和季节，以及宴请对象的口味偏好来确定，费用控制在规定的预算标准内。菜品的选择不是以主人的喜好为准，主要考虑主宾的喜好和禁忌。既要注意通行的常规，又要突出地方特色。由于宗教信仰、民族风俗、职业需要、个人健康等问题，宴会上个别宾客会有特殊饮食需求，可以单独为其上菜。一桌宴席的菜谱，应安排有热有冷、有荤有素、有主有次，菜肴数量和分量要适宜，不要简单地认为海味名贵而泛用，其实不少外国人并不喜欢，如鱼翅、海参等。主菜显示宴请的档次，还要配备些家常菜，以调剂口味。菜谱以营养丰富、味道各异为原则。

（八）布置宴会场地

宴会场地布置应与活动目的相符合。厅面宽敞整洁、空气流通、庄重大方、设备齐全、鲜花点缀、布局合理，是其基本要求。中餐宴会通常用圆桌设席，西餐宴会则多用长方桌。如果是一桌以上的宴会，桌子之间的距离要适当，各个座位之间也要距离相等。宴会休息厅通常放小茶几或小圆桌，与酒会布置类似，如人数少，也可按客厅样式布置。如果安排演奏席间乐，乐队规模、音量不宜太大，乐队与主桌应保持一定距离。

三、开宴礼仪

当宾客相继赴宴后，宴会要及时开席。在整个宴请过程中，主人要热情好客，让宴会的气氛热烈融洽，其间应注意以下几点。

（一）门前迎客

开宴前，主人应站立在门口迎接宾客。重要的宴会，可由主人率领其他人员排列成行迎宾，或派专车接请贵宾。宾客到达后，主人应迎上前去握手，问候宾客，对宾客表示欢迎，不要疏忽冷落任何一位宾客。根据宾客到达的先后，由工作人员分批陪送到休息厅小憩或直接进入宴会厅，由专人负责接待。主宾到达，由主人亲自陪同，进入休息厅同在座的宾客见面后，再一起步入宴会厅。

（二）引客入座

大型宴会可在宴会厅门前陈列桌次排列简图，让宾客依据请柬对号入座，也可以由工作人员或服务人员分别引座。一般先把非主桌上的宾客引入宴会厅就座后，再领主宾进入宴会厅。主人与宾客互作介绍，增进交流。如发现有坐错座位的宾客，若无大碍，一般应将错就错，不作更正；如果必须调整，要以适当的方式，不可伤宾客的自尊心。

（三）准时开席

按约定的时间准时开席，是宴请礼仪的基本要求，不能因个别宾客延误而影响整个宴会的进行。如果是主宾或重要宾客延误，应尽快取得联系，弄清情况后采取应急措施，向到场的宾客表示歉意。一般来说，宴会延迟 10~15 分钟是允许的，但最长不超过 30 分钟，否则会冲淡宾客的兴致，影响宴会的气氛。宴会主办人必须提前到达，否则是严重的失礼行为。

（四）致辞敬酒

正式宴会中，待主、宾双方入席后、用餐开始前，由主人与主宾分别致辞，并由主人向全体宾客敬酒，提议为某种事由而干杯。

（五）介绍菜肴

服务人员每上一道菜，一般要用转盘转至主人与主宾之间并报出菜名。对于有些具有鲜明特色的菜，服务人员可从菜肴的香、味、形方面的特点和菜名由来等做详细介绍。上菜完毕，主人应举筷盛情请大家品尝。当宾客相互谦让，迟迟不肯下筷时，主人可起身用公筷、公匙，亲自为来宾分菜。

（六）亲切交谈

介绍宾客，介绍菜肴，向宾客敬酒，以及引导亲切和谐的交谈，这些都是席间主人应主动做的。一般情况下，每桌的主人要不时地提出一些能让双方都感兴趣的话题，如气候季节、体育赛事、文体时尚、烹饪技巧等，也可以就本次聚会的主旨做一些交谈，但不必深入、不必具体，更不要涉及实质性内容。切不可将餐桌变成谈判桌，引起双方不快。

（七）宴会结束

一般宴会应掌握在 90 分钟左右，最多不超过 2 小时。过早结束，会使宾客感到意犹未尽，对主人的诚意表示怀疑；时间过长，会使主、宾双方感到疲惫，影响宴会的效果。主人要把握时机，适时结束宴会，给赴宴宾客留下美好的回忆。宴会结束后，主人、副主人应亲自把宾客送至门口，再次真诚感谢众宾客的光临，热情握手告别，目送宾客离去。对乘车前来的宾客，主人应送客上车，待车开动后，再向宾客挥手致意。

四、中餐接待礼仪

（一）中餐宴会桌次及席位安排

1. 桌次安排

中餐宴会可以用圆桌也可以用长桌或方桌，以圆桌为主。一桌以上的宴会，桌子之间的距离要适宜，各个座位之间的距离也要相等。桌次有主、次之分，主桌的确定以"面门、面南、居中、观重点"为原则，往往将面对大门或主要景观、背靠宴会厅主题墙、位于厅面中心的位置定为主桌位。其他桌次的高低依离主桌近为主、远为次，按右高左低的原则安排。桌数较多时，要摆放桌次牌。20 桌以上的大型宴会，除主桌外，所有的桌子都应编号，并在宴会厅入口处摆放桌次示意图，方便宾客就座。桌次安排比较灵活，可根据厅面的实际情况、组织者的经验及宾客的喜好灵活安排，注意把握"以右为上、以远为上、居中为上、平行为上"的国际准则，如图4—7所示。

2. 席位安排

按我国习惯，席位安排通常以主人为中心，主人对面是副主人位置，主人的右边为主宾，左边为第二副主宾，副主人的右边为第一副主宾，其余按先右后左的顺序类推。具体原则如下：

（1）以右为尊。当宾客分别位于主人左、右两侧时，通常主人右侧宾客的身份高于左侧宾客，这是因为中餐上菜时多以顺时针为上菜方向，居右者比居左者优先受到照顾。

（2）面门为上。倘若有人面对正门而坐、有人背对正门而坐，依照礼仪惯例，应以面对正门者为上座，以背对正门者为下座。

（3）观景为佳。在一些高档餐厅用餐时，其室内外往往有优美的景致或高雅的演出供观赏，此时应以观赏角度最佳处为上座。

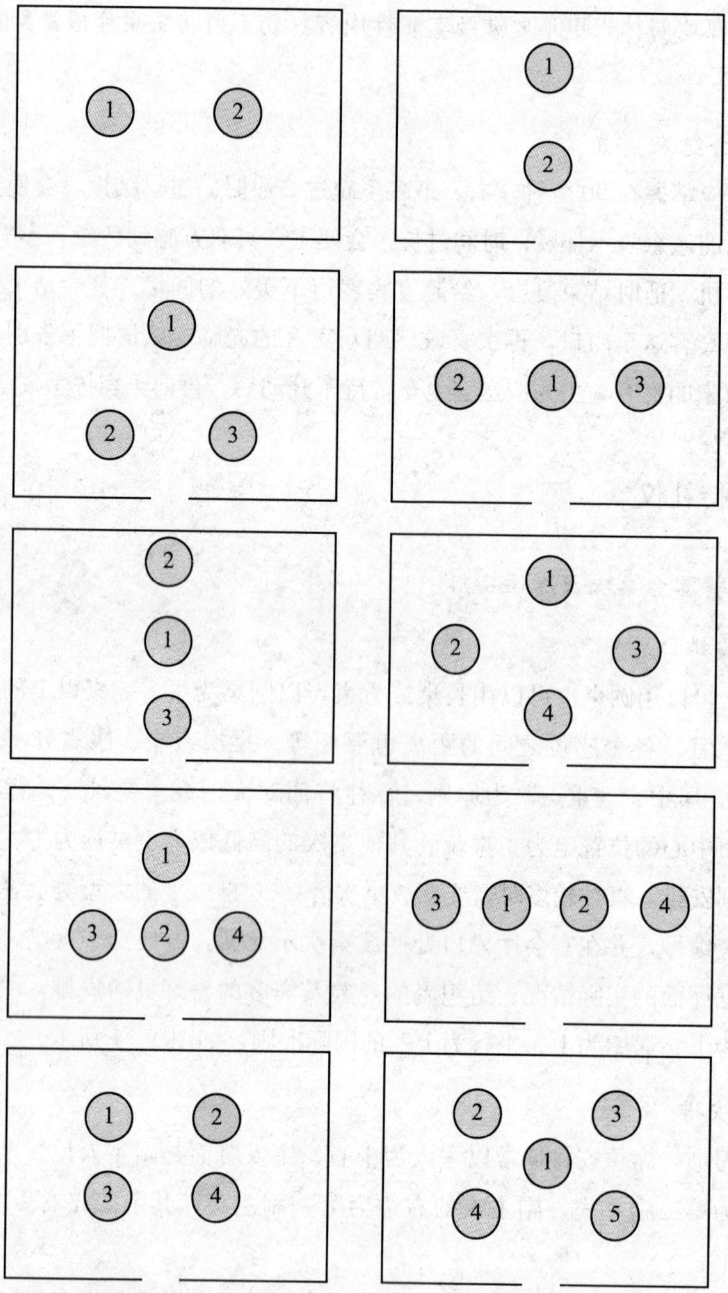

图4—7　中餐桌次安排

（4）临墙为好。在某些中低档餐厅用餐时，为了防止过往侍者和食客的干扰，通常以靠墙之位为上座，靠过道之位为下座。

（5）以远为上。以距离宴会厅正门的远近为准，距门越远，位次越高，如图4—8所示。

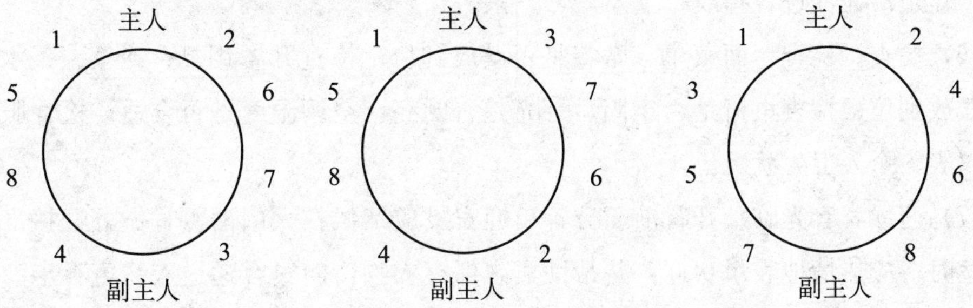

图4—8　中餐席位安排

多桌宴会，如每桌都有主人的一位代表在座，各桌主人的位置有两种安排：一是各桌主人的位置相同，同朝一个方向；二是各桌主人的位置方向不一致，但都面向宴会厅的中间。如果主宾身份高于主人，为表示尊重，也可以安排主宾在主人的位子上坐，而请主人坐在主宾的位子上。重要宴请活动，应事先在每位宾客所属座次正前方的桌面上放置醒目的个人姓名席签，方便宾客就座。在举行涉外宴请时，席签应以中、英文两种文字书写。我国的惯例是，中方宴请，中文在上，英文在下。

（二）中餐宴会程序及礼仪

1. 准备阶段的服务程序及礼仪

（1）宴会准备工作。宴会举行前，应充分了解宴会的规格、目的、性质、名称等。对宾客情况要做到"八知"、"五了解"。"八知"即知台数、知人数、知宴会标准、知开餐时间、知菜式品种及出菜顺序、知主办单位或房间、知收费办法、知邀请对象。"五了解"即了解宾客的风俗习惯、了解宾客的生活忌讳、了解宾客的特殊需要、了解宾客的进餐方式、了解宾客的特殊爱好。

（2）宴会开始前，服务人员应掌握菜单的有关信息。包括：了解菜肴的名称、出菜顺序，了解菜肴的口味特点和故事典故，了解菜肴的原料及配制方法，了解菜肴的配料及服务方法。同时准备好餐具和用具，根据宴会的规模、档次，把宴会所用的各种餐具整齐地摆放在服务台上，并仔细检查是否洁净无损。

（3）酒水准备。根据宴会标准、人数领取酒水、饮料，领回后，擦拭干净，整齐有序地码放在酒水台上，商标朝外。另外，还需要准备好茶叶、茶壶、开水等。酒水与茶水的准备工作要求在开餐前30分钟进行。

（4）准备湿毛巾。将洁净的、消过毒的湿毛巾浸泡于热水中，然后拧干，折成长方形，从湿毛巾的一头向前推起卷紧呈圆筒状，将卷好的湿毛巾整齐地摆放在温箱中。

（5）摆台及上冷菜。开餐前15分钟，应将冷菜摆放在餐桌上，要求色调、荤素搭配合理，盘边沿无油迹、指纹。

（6）检查。检查台面菜单、席签是否摆放到位；检查开餐用具、冷菜、茶水、酒水是否摆放到位；检查桌椅是否牢固，灯光是否明亮，空调温度是否合适；检查服务人员仪容仪表、个人卫生状况。

（7）迎候宾客光临。开餐前5分钟，迎宾员应恭候在大门两侧，做好迎接准备。宾客到达时，应热情地表示欢迎，并帮助宾客保存衣物，向宾客递送衣物寄存卡。然后引领宾客到餐厅或休息厅，为宾客斟倒茶水、递送小毛巾。服务员引领宾客时，应按照先主宾后主人、先女宾后男宾的顺序，为宾客拉椅让座。

2. 进餐阶段的服务程序及礼仪

（1）服务顺序要正确。按中餐宴会的惯例，服务顺序应从第一主人右侧的主宾开始，按顺时针方向进行。如果有两位服务人员同时提供服务，则其中一位服务人员按上述顺序开始，至第二主人右侧的第一位宾客为止，另一位服务人员从第二主人右侧的第一位宾客开始，按顺时针顺序服务。

（2）宾客致辞。宾客在致辞时，服务人员要停止一切活动，不可交头接耳，不要随意走动，应站立在旁边，保持安静。宾客敬酒时，服务人员应随后跟上，及时为宾客斟酒。当宾客正在交谈，服务人员又找宾客有急事时，不应冒失打断宾客的谈话，而应礼貌地等在一旁，寻找机会向宾客传达。

（3）上菜要求。1）上菜位置一般选择在第二主人或不重要的宾客右侧，严禁从主人与主宾之间、老人与小孩之间的座位上菜。2）先上冷菜，冷菜吃到一半时上第一道热菜，待第一道热菜吃到1/2时，再上第二道热菜，每一道菜时间间隔10分钟左右。3）遵循先冷后热、先菜后点、先咸后甜、先清淡后肥厚、先优质后一般、最后上水果的基本顺序，也可以根据当地习俗而定。4）菜肴上桌，应报菜名，特色菜肴应做简单介绍，介绍菜肴时后退一步；提供公勺、公筷；上全鸡（全鱼、全鸭等）时，将头部对准主宾或主人。

（4）席间服务。1）撤换骨碟。要将干净的骨碟整齐地叠放在盘中，从宾客右侧用右手撤下用过的骨碟，然后换上干净的骨碟，从主宾开始按顺时针方向绕餐桌进行。换骨碟时，应先说："对不起，我可以为您换餐碟吗？"撤换骨碟的过程中，托盘要稳，脏碟及残渣堆放要合理。宴会中换餐碟应不少于三次。2）撤换烟灰缸。发现烟灰缸中有两个以上烟蒂时，应撤换烟灰缸。方法是：左手托盘，用右手将干净的烟灰缸盖在已用过的脏烟灰缸上，将两只烟灰缸同时移入托盘，以避免烟灰飞扬污染菜桌和落到宾客身上。

然后将清洁的烟灰缸放上餐桌。3）更换毛巾。服务人员左手托盘，右手用毛巾夹撤下餐桌上的脏毛巾，然后换上干净的毛巾。在上水果餐碟前，应将餐桌上的残菜盘进行清理撤换。4）分菜到位。需分食的菜肴先旋转1～2周给就餐者作展示，再撤下；按照先主宾后主人、先男士后女士的顺序，按顺时针方向依次派菜；做到心中有数、均匀分配，并留下1/4的菜。5）酒水服务。如果宾客点用名贵的中国酒，如茅台、五粮液等，服务人员应向宾客展示酒瓶商标，以获得确认。服务人员斟倒啤酒时，瓶口在距离杯口1厘米上方慢慢倒入，避免酒水外溢。斟倒酒水前询问宾客是否撤掉茶水；白酒、啤酒可倒满杯，但以八分满为宜；红葡萄酒、白葡萄酒倒满1/4～1/2即可。

3. 结束阶段的服务程序及礼仪

（1）结账服务。宴会接近尾声时，将宴会菜单、酒水及加菜费用一同算出并交收款台。当宾客示意结账时，按规定办理结账手续，并向宾客致谢。

（2）送客服务。当宾客起身离座时，应主动为宾客拉椅，检查是否有遗留物品，向宾客致谢并希望能再次为其提供服务，礼貌地目送宾客。

（3）清理餐桌台面。检查台面是否有未熄灭的烟头。先整理椅子，再收餐巾，然后用托盘或手推车收餐具。撤换台布，了解下一餐宴会的情况并做好准备工作。

拓展知识

中餐就餐礼仪

（1）不要擦拭餐桌上的器皿，如果发现桌上的餐具不干净，应招呼服务人员更换干净的餐具。

（2）当主人或其他宾客敬酒或介绍菜肴时，应停止进食，端坐恭听。

（3）吃饭时，要端起碗，手肘向下，不可伏在桌子上对着碗吃。

（4）喝汤用汤匙，不可发出明显的响声。

（5）闭嘴咀嚼、细嚼慢咽，不可张大嘴，大块往嘴里塞食物。

（6）夹菜时，待主宾、主人、长者先夹后，菜肴转到自己面前再夹；应从盘子靠近自己的一边夹菜；夹一块吃一块，之后再夹另一块。

（7）为他人夹菜时，要使用公筷或公匙。

（8）够不到的菜，可以请人帮助，不可伸手横越，长驱取物，更不要起身甚至离座去取。

（9）不可拿着筷子在盘中挑菜，盯着某个菜猛吃不停，或举着筷子挑选自己偏爱的食物。

（10）吐骨头、鱼刺、菜渣时，要用筷子或手取接出来，再放入骨碟内。

（11）剔牙时用手或餐巾遮口。咳嗽、打喷嚏或打哈欠时，应转身低头用手绢或餐巾纸捂着，转回身时说声"抱歉"。

（12）敬酒一定要站起来，双手举杯，眼睛注视对方，喝完后再举杯表示谢意。碰杯时，杯子不要高于对方的杯子。如果没有特殊人物在场，敬酒最好按顺时针顺序，不要厚此薄彼。尊重对方的饮酒习惯和意愿，不以各种理由逼迫对方喝酒。

五、西餐接待礼仪

（一）西餐宴会台型及席位安排

西餐餐桌的主次以离主桌的远近而定，右高左低，近高远低，每桌都要有主人作陪，且主人位同向。西餐宴会席位按照女士优先、面门为上、距离定位及以右为尊、交叉安排的原则安排，可安排全部宾客的席位，也可安排部分宾客的席位，其他宾客只安排桌次或自由入座。正式宴会中，第一主宾坐在第一主人（往往是女主人）的右侧，第二主宾坐在第二主人（往往是男主人）的右侧，其他人物由中间向两侧依次排开，且男女穿插就座，如图4—9所示。

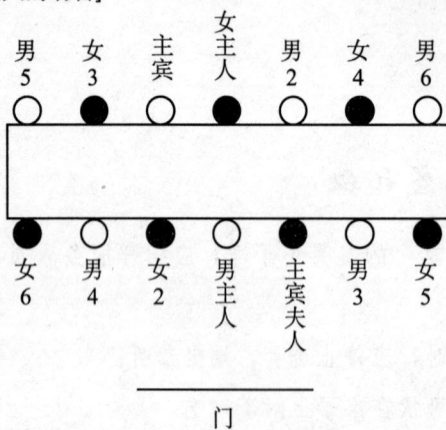
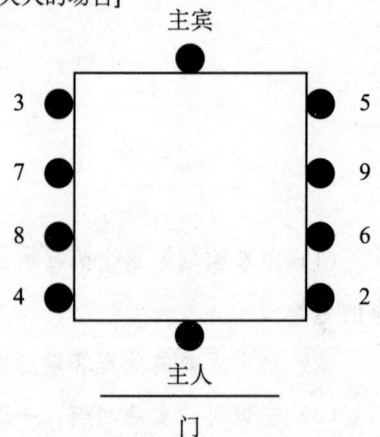

图4—9　西餐席位安排

（二）西餐宴会程序及礼仪

1. 准备阶段的服务程序及礼仪

（1）开餐准备工作。1）了解席位安排。2）熟悉宴会菜单。3）在宴会开始前将面包摆放在面包盘里，将黄油放在黄油碟中。

（2）迎宾及休息室服务。1）宾客到达时要礼貌、热情地表示欢迎。2）引领宾客到休息室休息，并为宾客送上饮料及餐前酒品。送饮料给宾客时，如果宾客是坐饮，要先在宾客面前的茶几上放杯垫，然后放饮料杯；如果宾客是立饮，要先给宾客餐巾纸，然后给宾客饮料。如果宾客需要鸡尾酒，则应根据宾客要求现场调制。3）当宾客到齐主人表示可入席时，服务人员应立即打开通往餐厅的门，引领宾客入席。

（3）拉椅让座。1）宾客到达餐桌时，服务人员微笑上前表示欢迎，然后按先女后男、先宾后主的顺序为宾客拉椅让座。2）宾客坐下后，从宾客右侧为其铺口布。

2. 进餐阶段的服务程序及礼仪

（1）斟酒服务。按照西餐中酒水与菜肴的搭配规则斟倒酒水。为宾客斟酒前，先为主人斟倒少许，请其品尝，主人认可后，再为其他宾客斟酒。一般规则是先斟酒、后上菜。

（2）席间服务。1）上菜前先斟倒酒水。2）按先女宾后男宾再主人的顺序进行斟酒和上菜。3）上主菜时如果配有色拉，应摆放在宾客左边。4）主菜用完，待宾客全部放下餐具后，从宾客右侧将盘和餐具一起撤下。5）上甜点前，将桌上的面包盘、黄油刀、黄油碟等撤下，用服务巾擦掉面包屑，将桌面清理干净，更换烟灰缸，再将甜品叉、勺按左叉右勺摆放好。从宾客右侧上甜品。宾客全部用完甜品后，撤去甜品餐具及桌面上除水杯之外的所有餐具。6）摆好水果盘和水果刀、叉，从宾客左侧送上洗手盘，派送水果。7）在餐桌上摆放糖缸、奶罐，在宾客面前摆放咖啡杯具或茶具，为宾客斟热咖啡或红茶。

3. 餐后阶段的服务程序及礼仪

（1）餐后酒水服务。将餐后酒水车推至餐桌前，征询宾客是否需要餐后酒和雪茄烟，待宾客选定后送上。有的宴会将宾客请至休息室后再进行饮料和餐后酒水服务。

（2）送客服务。拉开餐椅，递送衣帽，礼貌地送别宾客。

拓展知识

西餐就餐礼仪

（1）在高级西餐厅用餐，男士应穿西装，并系上领带或领结；女士应着礼服，穿戴

125

整齐。正式晚宴场合，男性应穿无尾晚礼服，女性应穿晚礼服或小礼服出席。

（2）入座后，主人发出用餐邀请后，即开始进餐。如由服务人员分菜，需添菜时，待服务人员送上时再取。对于不能吃或不爱吃的菜肴，当服务人员上菜或主人夹菜时，不要拒绝，可取少量放在盘内，并表示感谢。

（3）喝汤时，应先用汤匙由后往前将汤舀起，汤匙的底部放在下唇的位置将汤送入口中，汤入口不能发出声音。汤匙与嘴部呈45°较好，身体的上半部略微前倾。碗中的汤剩下不多时，可将碗略微抬高，不可将汤碗端起来喝。

（4）吃西餐时应和别人轻松自由地交谈。说话时嘴里不嚼食物，通常说话前或喝酒前要用餐巾擦一下嘴。

（5）用左手拿取餐包（即面包），用右手将面包掰成大小合适的小块送入口中。

（6）大块肉食不可用刀叉扎着食用，应切成大小适宜的小块送入口中；如食用带骨的肉类和带刺的鱼类，应先用刀叉将肉与骨、鱼与刺分开，再切成小块送入口中。

（7）吃梨、苹果等水果时，应先用水果刀切成四至六瓣，再用刀去皮、核，然后用手拿着吃。削皮时刀口朝内，从外往里削。吃香蕉时应先剥皮，用刀切成小块吃。吃橙子时一般用刀切成块吃。橘子、荔枝、龙眼等则可剥了皮直接吃。吃西瓜、菠萝等水果时，通常可用水果刀切成小块后以叉取用。嘴里如有果核，应先轻轻吐在叉子上，再放入盘内。

（8）食用豆类，如青豆时，不能用叉子扎着或兜着食用，应用叉背将豆子压扁，右手持刀将豆泥拨到叉背上，再送入口中。

（9）用水盂洗手时，应轮流蘸湿指头，轻轻刷洗，然后用餐巾或小毛巾擦干。

（10）如碰到餐具落地，够不到餐桌调味品等情况，应示意服务人员帮忙。

（11）正确使用餐巾。

1）餐巾可以擦嘴，但是不能擦餐具，也不能擦汗。

2）餐巾摆放位置不同，代表不同的含义：取下餐巾放在自己的座位上，暗示暂时离开；主人（女主人）把餐巾叠成长条形或者三角形铺在腿上是宴会开始的标志；将餐巾放在餐桌桌面上，暗示用餐结束。

（12）正确使用刀叉。

1）使用刀叉时，右手持刀，左手持叉。欧洲人使用刀叉时不换手，即从切割到送食均以左手持叉；美国人则切割后，把刀放下，右手持叉送食入口。

2）在桌子上摆放刀叉，一般不超过三副。三道菜以上的套餐，必须在摆放的刀叉用完后随上菜再放置新的刀叉。就餐时按刀叉顺序由外往里取用。

3）手里拿着刀叉时切勿指手画脚，交谈时应将刀叉放在盘上。

4）切割食物时，不可发出声响；进食时，牙齿不接触叉子。

5）刀叉摆放位置不同，代表不同的含义。每道菜吃完后，将刀叉并拢排放于盘内，以示吃完，服务员可以撤盘；如未吃完，则摆成八字形或交叉形，刀口应向内。如图4—10所示。

图4—10　刀叉摆放代表不同的含义

（13）正确使用勺子。

西餐中的勺子可以分为三类：一把用来喝汤，一把用来吃甜品，一把用来搅拌红茶、咖啡。和刀叉并列摆放在餐桌上的是汤勺，专门用来喝汤，不宜用来取食其他菜肴。甜品勺只限于吃甜品用。搅拌勺用于搅拌，搅拌后应放置于托盘上，勿将之放在杯中或用来取红茶、咖啡。

西餐摆台

基本要领：左叉右刀，先里后外，刀口朝盘，各种餐具成线，餐具与菜肴配套。

台面物品：花瓶放在桌子中央，距离花瓶20厘米摆放烛台，牙签盅距离烛台10厘米，椒盐瓶距离牙签盅2厘米，左盐右椒，两瓶之间相距1厘米，桌旗摆在桌子正中央。

摆台前，应检查摆台所用的餐具、酒具，发现不洁或有破损的餐具、酒具要及时更换。摆放时，手不可触摸盘面和杯口。

摆台时，要用托盘盛放餐具、酒具及用具。摆放金、银器皿时，应佩戴手套，保证餐具、酒具清洁，防止污染。

摆放餐具、酒具的顺序与标准如下：

1. 摆展示盘

可用托盘端托，也可用左手垫好口布，口布垫在餐盘盘底，把展示盘托起，从主人位开始，按顺时针方向用右手将餐盘摆放于餐位正前方。盘内的店徽图案要端正，盘边距桌边1厘米，餐盘间的距离要相等。

2. 摆面包盘、黄油碟

展示盘左侧10厘米处摆面包盘。面包盘盘中居右1/3处摆放黄油刀，面包盘与展示盘的中心轴取齐，黄油刀尖正上方距面包盘3厘米处摆放黄油碟，图案摆正。

3. 摆餐刀、叉、勺

从展示盘的右侧顺序摆放餐刀、叉、勺。摆放时，应手拿餐刀、叉、勺柄处，从主刀开始摆。

（1）主刀摆放于展示盘的右侧，与餐台边呈垂直状，刀柄距桌边1厘米，刀刃向左，与展示盘相距1厘米。

（2）鱼刀、汤勺、开胃品刀摆放间距0.5厘米，开胃品刀、汤勺手柄距桌边1厘米，刀刃向左，勺面向上，鱼刀距离桌边5厘米，刀刃向左。

（3）主叉放于展示盘左侧，与展示盘相距1厘米，叉柄距桌边1厘米。

（4）摆放鱼叉时，鱼叉柄距桌边5厘米，叉头向上突出。开胃品叉叉面向上，叉柄与主叉柄平行。甜品叉放在展示盘的正前方，叉尖向右，与展示盘相距1厘米。

（5）甜品勺放在甜品叉的正前方，与叉平行，勺头向左，与甜品叉的叉柄相距0.5厘米。

4. 摆酒具

摆酒具时，要拿酒具的杯托或杯底部。

（1）白葡萄酒杯中心线在开胃品刀正上方2厘米处。

（2）红葡萄酒杯摆在白葡萄酒杯的右下方，杯底中心与白葡萄酒杯杯底中心的连线与餐台边成45°角，杯壁间距1厘米。

（3）水杯摆在红葡萄酒杯的右下方，其他标准同上。

5. 摆餐巾

餐巾折花放于展示盘内，花型搭配适当，将观赏面朝向客人，要求突出正、副主人位。

6. 摆蜡烛台和椒盐瓶

西餐宴会一般摆两个蜡烛台，蜡烛台摆在台布的中线上、距离中心花瓶20厘米处。距离烛台10厘米处摆放牙签盅，距离牙签盅2厘米处摆放椒盐瓶，椒盐瓶要在台布中线上按左椒右盐对称摆放，瓶壁相距1厘米。

西餐摆台示意如图4—11所示。

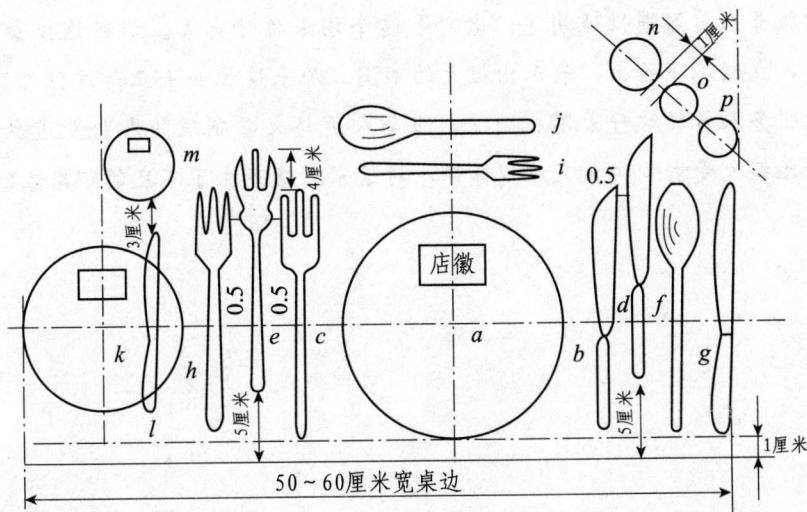

a.展示盘　b.开胃品刀　c.主叉　d.鱼刀　e.鱼叉　f.汤勺　g.主刀　h.开胃品叉　i.甜品叉
j.甜品勺　k.面包盘　l.黄油刀　m.黄油碟　n.白葡萄酒杯　o.红葡萄酒杯　p.水杯

图4—11　西餐摆台示意

▶ **能力训练与思考**

1. 杭州某五星级酒店正在进行下一年度VIP宾客夜床礼品采购计划的制定，假设你是采购部经理，请在综合分析成本预算、地域特色、同行比较、主要客源市场以及对重要节日考虑的基础上，提出一个合理的建议性方案。

2. 请分析以下案例中酒店服务人员出现的差错，并指出工作中接打电话的注意事项。作为酒店管理人员，应如何做好此类事件的应对？

某天，酒店服务人员在清扫客房卫生时，电话铃响了，此时宾客正在阳台上接听手机，这位服务人员没有多想就把电话接了起来，刚说了声"您好"，就听到电话那头传来"怎么会有女的在我老公房间，这也太不可思议了"，随即就将电话挂断了。

3. 请分析以下案例中酒店服务人员出现的差错，并谈谈称呼礼仪的重要性。

一位美国宾客到杭州的一家酒店准备入住，前厅服务人员为了确认预订，核实宾客的身份，在办理相关手续时花费了较多的时间。看到宾客等得有些不耐烦了，前厅服务人员使用中文跟陪同宾客的女士作了说明，希望能够通过她使对方谅解。谈话中服务人员习惯性地用了"老外"这个词来称呼宾客。谁料这位女士听到这个称呼，立刻沉下脸来，表示出极大的不满，原来这位女士正是这位外宾的妻子，她认为服务人员的称呼太不礼貌了。服务人员与大堂副理随即赔礼道歉，但宾客的心情已经大受影响，久久难以释怀，对这家酒店产生了不良的印象。

项目五

优质服务——专业得体的职业技能

知识目标

● 熟悉酒店业务部门各主要岗位的礼仪服务要求；

● 熟练掌握酒店业务部门各主要岗位的礼仪规范；

● 掌握处理各种突发事件的礼仪规范。

素质与能力目标

● 熟练掌握酒店各岗位服务礼仪，提升酒店服务质量水平，树立酒店和个人良好的形象；讲究接待服务的方法和艺术，体现宾客至上的理念。

　　礼仪，是酒店深层文化的重要表现，也是酒店经营管理形象、口碑的重要表现。礼仪、礼节、礼貌是酒店培植和弘扬的重点，可以在酒店和宾客之间架起友谊的桥梁。酒店服务礼仪属于职业礼仪，它在服务工作中形成，主要表现是礼貌服务、宾客至上。前厅、客房、餐饮、康乐部门为对客接待一线部门，服务人员应讲究服务的方法和艺术，使宾客有宾至如归的感觉，从而更好地树立个人和酒店的形象。

模块一　前厅服务礼仪

　　前厅部（Front Office）是酒店负责招徕并接待宾客（组织客源）、销售酒店客房商品、组织接待和协调对客服务、销售餐饮娱乐等服务产品、沟通与协调酒店各部门、为宾客提供各种综合服务的对客服务部门。前厅部是每一位宾客抵达、离开酒店的必经之地，是酒店对客服务的开始和最终完成的场所，也是宾客形成对酒店的第一印象和最后印象之处。前厅部是整个酒店服务工作的核心。

一、礼宾部服务礼仪

（一）门童服务礼仪

在酒店服务中，门童的服务乃是重要的环节，被称为宾馆的门面。门童的行为，决定了宾客对酒店的第一印象，具有先入为主、先声夺人之效。门童一般为男性，若以女性取而代之，则往往称为礼仪小姐。礼仪小姐在上岗时，着装应当简约、保守，可以化淡妆，但不宜佩戴首饰。

门童在岗位上，应着装整洁，穿迎宾服装，包括迎宾制服、迎宾帽、白手套、皮鞋等。仪容端庄大方、精神饱满、站立挺直、走路自然、面带微笑，绝不允许抱肩、叉腰、弯腿或倚物，禁止与异性、熟人、出租车司机聊天、逗乐。具体礼仪规范如下：

（1）见到宾客光临，应面带微笑，主动表示热情欢迎，问候宾客："您好！欢迎光临！"并致以15°鞠躬礼。

（2）对常住宾客应称呼其姓氏，以表达对宾客的礼貌和重视。

（3）当宾客较集中到达时，要尽可能让每一位宾客都能看到热情的笑容，听到亲切的问候。

（4）宾客乘车抵达时，应立即主动迎上，引导车辆停妥，接着一手拉开车门，一手挡住车门框的上沿，以免宾客碰头。如果是信仰佛教或伊斯兰教的宾客，因教规习俗，不能为其护顶。

（5）如遇下雨天，要撑伞迎接，以防宾客被淋湿。若宾客带伞，应为宾客提供保管服务，将雨伞放在专设的伞架上。

（6）对老人、儿童、残疾宾客，应先问候，征得同意后予以必要的扶助，以示关心照顾。如果宾客不愿接受特殊关照，则不必勉强。

（7）宾客下车后，要注意车座上是否有遗落的物品，如发现，要及时提醒宾客或在征得同意的情况下帮助宾客取出。

（8）如遇出租车司机"宰客"现象，应维护宾客利益，机智处理。

（9）宾客离店时，要把车子引导到宾客容易上车的位置，并为宾客拉开车门请其上车。看清宾客坐好后，再轻关车门，微笑道别："谢谢光临，欢迎下次再来，再见！"并挥手致意，目送宾客离去。

（10）主动、热情、认真地做好日常值勤工作。尽量当着宾客的面主动引导或打电话为其联系出租车。礼貌地按规定接待来访者，做到热情接待、乐于助人、认真负责，不能置之不理。

（二）行李员服务礼仪

行李员是酒店与宾客之间联系的桥梁，他们的工作能使宾客感受到酒店的热情好客。行李员一般站立于酒店大门两侧，代表酒店迎接宾客。同时，又要主动为宾客服务，回答宾客的各种问题，向宾客介绍酒店的情况。具体礼仪规范如下：

（1）宾客抵达时，应热情相迎、微笑问候，帮助提携行李。当宾客坚持亲自提携行李时，应尊重宾客意愿，不要强行接过来。在推车装运行李时，要轻拿轻放，切忌随地乱丢、叠放或重压。

（2）陪同宾客到总服务台办理住宿手续时，应侍立在宾客身后一米处等候，以便随时接受宾客的吩咐。

（3）引领宾客时，要走在宾客左前方两三步处，随着宾客的步子行进。遇拐弯处，要微笑向宾客示意。

（4）乘电梯时，应主动为宾客按电梯按钮，用手挡住电梯门框敬请宾客先进入电梯。在电梯内，行李员及行李的放置都应该靠边侧，以免妨碍宾客通行。到达楼层时，应礼让宾客先步出电梯。如果有大件行李挡住出路，则应先运出行李，然后用手挡住电梯门，再请宾客出电梯。

（5）引领宾客进房时，先按门铃或敲门，停顿三秒钟后再开门。开门时，先打开过道灯，扫视一下房间，无问题后，再请宾客进房。

（6）进入客房，将行李按规程轻放在行李架上或按宾客的吩咐放好。箱子的正面要朝上，把手朝外，便于宾客取用。与宾客核对行李，确定无差错后，可简单介绍房内设施和使用方法。询问宾客是否有其他要求，如宾客无要求，应礼貌告别，及时离开客房。

（7）离房前应向宾客微笑礼貌告别，出门后目视宾客，后退一步，再转身退出房间，将门轻轻关上。

（8）宾客离开酒店时，行李员进入客房前必须按门铃或敲门通报，得到宾客允许后方可进入房间。

（9）宾客离店时，应询问宾客行李件数并认真清点，及时稳妥地运送并安放到车上。

图5—1　前厅礼宾服务

（10）行李放好后，应与门厅迎宾员一起向宾客热情告别："欢迎再次光临，祝您旅途愉快。"并将车门关好，挥手目送车辆离去。

二、总台服务人员服务礼仪

总服务台在酒店整体服务工作中的地位和作用至关重要。它既是酒店对内对外联系的总渠道，又是枢纽，是酒店接待服务工作的指挥中心，在对外联络方面组织客源、想方设法为宾客热情周到地服务，使宾客感到满意从而留下深刻的第一印象，为酒店吸收更多的宾客，增加社会效益和经济效益。总服务台工作如此重要，这就特别要求服务人员精通业务、行动敏捷、训练有素、准确无误。

（一）接待员服务礼仪

（1）宾客离总台 3 米远时，应予以目光的注视。宾客来到台前，应面带微笑热情问候，然后询问宾客的需要，并主动为宾客提供帮助。如宾客需要住宿，应礼貌询问宾客有无预订。

（2）接待高峰时段宾客较多时，要按顺序依次办理，注意"接一顾二招呼三"，即手里接待一个，嘴里招呼一个，通过眼神、表情等向第三个传递信息，使宾客感受到尊重，不被冷落。

（3）验看、核对宾客的证件与登记单时要注意礼貌，"请"字当头，"谢谢"收尾。确认无误后，要迅速交还证件，并表示感谢。当知道宾客的姓氏后，应尽早称呼其姓氏，让宾客感受到热情、亲切和尊重。

（4）给宾客递送单据、证件时，应上身前倾，将单据、证件文字正对着宾客双手递上；若宾客签单，应把笔套打开，笔尖对着自己，右手递单，左手送笔。

（5）请宾客填写住宿登记单后，应尽可能按宾客要求安排好房间。把客房钥匙交给宾客时，应有礼貌地介绍房间情况，并祝宾客住店愉快。

（6）如果客房已满，要耐心解释，并请宾客稍等，看能否还有机会。此外，还可为宾客推荐其他酒店，主动打电话联系，以热忱的帮助欢迎宾客下次光临。

（7）重要宾客进房后，要及时通过电话询问宾客："这个房间您觉得满意吗？""您还有什么事情，请尽管吩咐，我们随时为您服务。"以体现对宾客的尊重。

（8）宾客对酒店有意见到总台陈述时，要微笑接待，以真诚的态度表示欢迎，在宾客说话时应凝神倾听，绝不能与宾客争辩或反驳宾客，要以真挚的歉意妥善处理。

（9）及时做好宾客资料的存档工作，以便在下次接待时能有针对性地提供服务。

（二）问讯员服务礼仪

（1）宾客前来问讯时，应面带微笑，注视宾客，主动迎接问好。

（2）认真倾听宾客问讯的内容，耐心回答问题，做到百问不厌、有问必答、用词恰当、简明扼要。

（3）服务中不能推托、怠慢、不理睬宾客或简单地回答"不行"、"不知道"。遇到自己不清楚的问题，应请宾客稍候，请教有关部门或人员后再回答，忌用"也许"、"大概"、"可能"等模糊语言应付宾客。

（4）对于敏感性政治问题或超出业务范围不便回答的问题，应表示歉意。

（5）宾客较多时，要做到忙而不乱、井然有序，应先问先答、急问快答，使不同的宾客都能得到适当的接待和满意的答复。

（6）接受宾客的留言时，要记录好留言内容或请宾客填写留言条，认真负责，按时、按要求将留言转交给接收人。

（7）在听电话时，看到宾客来临，要点头示意，请宾客稍候，并尽快结束通话，以免让宾客久等。放下听筒后，应向宾客表示歉意。

（8）服务中要多使用"您"、"请"、"谢谢"、"对不起"、"再见"等文明用语。

（三）预订员服务礼仪

（1）宾客到柜台预订，要热情接待，主动询问需求及细节，并及时予以答复。若有宾客要求的房间，要主动介绍设施、价格，并帮助宾客填写订房单；若没有宾客要求的房间，应表示歉意，并推荐其他房间；若因客满无法接受预订，应表示歉意，并热心为宾客介绍其他酒店。

（2）宾客电话预订时，要及时且礼貌地接听，主动询问宾客需求，帮助落实订房。订房的内容必须认真记录，并向宾客复述一遍，以免出差错。因各种原因无法接受预订时，应表示歉意，并热心为宾客介绍其他酒店。

（3）受理预订时应做到报价准确、记录清楚、手续完善、处理快速、资料准确。

（4）接受预订后应信守订房承诺，切实做好宾客来店前的核对工作和接待安排，以免出差错。

（四）结账服务礼仪

（1）宾客来总台付款结账时，应微笑问候，为宾客提供高效、快捷、准确的服务。切忌漫不经心，造成宾客久等的难堪局面。

（2）确认宾客的姓名和房号，当场核对住店日期和收款项目，以免宾客有被酒店多收费的猜疑。

（3）递送账单给宾客时，应将账单文字正对着宾客；若宾客签单，应把笔套打开，笔尖对着自己，右手递单，左手送笔。

（4）当宾客提出酒店无法满足的要求时，不要生硬拒绝，应委婉予以解释。

（5）如结账宾客较多，要礼貌示意宾客排队等候，依次进行，以避免因宾客一拥而上，造成收银处混乱引起结算的差错并造成不良影响。

（6）结账完毕，要向宾客礼貌致谢，并欢迎宾客再次光临。

（五）电话总机服务礼仪

（1）坚守岗位，集中精神，在接待服务中坚持使用礼貌用语，避免使用"喂"、"我不知道"、"我现在很忙"、"什么"等语句。

（2）接听电话动作要迅速，不让电话铃响超过三声；主动问候对方"您好"，自报店名和岗位，热诚提供帮助。如果业务繁忙，在铃响三声后接听，应向宾客致以歉意："对不起，让您久等了！"

（3）用电话沟通时，宜保持嘴唇与话筒约3厘米距离，若靠得太近，声音效果不好；使用左手接听电话，以方便右手做必要的记录。

（4）要面带微笑，语言热忱、亲切、友善，语调不宜太高，语速不宜太快，用词简练、得当。

（5）熟悉常用号码，按宾客的要求迅速、准确地转接电话。若转接的电话无人接听，忌用"不在"打发宾客，应主动询问是否需要留言。

（6）随时在电话旁准备好便条纸和笔，当宾客留言时，要认真倾听和记录，留言要重复一遍确认，并跟进、履行对宾客的承诺，做到热心、耐心和细心。

（7）为宾客接转电话和查找资料时，不能让对方等候电话超过15秒钟。要求对方等候电话，应向其表示歉意："对不起，请您稍候。"如果一时未能查清，应及时向对方说："正在查找，请您再稍等一会儿。"

（8）讲究职业道德，尊重他人隐私，不偷听他人电话。

（9）通话结束后，应热情道谢告别，待对方挂断电话后，方可关掉电键。

三、大堂副理服务礼仪

（1）接待宾客要积极热忱、精力集中，以谦和、富有同情心的态度认真倾听，让宾客把话讲完。

（2）对于宾客投诉所反映的问题，要详细询问并当面记录，以示郑重。

（3）能够设身处地为宾客考虑，以积极负责的态度处理宾客的问题和投诉。在不违反规章制度的前提下，尽可能满足宾客的要求。

（4）当宾客发脾气时，要保持冷静，待宾客平静后再做婉言解释与道歉，要宽容、忍耐，绝对不能与宾客争执。

（5）尽量维护宾客的自尊，同时维护酒店的形象和声誉，原则问题不能放弃立场，应机智、灵活处理。

（6）对宾客的任何意见和投诉，均应给予明确、合理的交代，力争在宾客离开酒店前解决，并向宾客表示感谢。

礼仪故事

"难不倒"的服务

香港丽晶酒店的礼宾服务在全香港五星级豪华酒店中是数一数二的佼佼者。丽晶礼宾部的主管考夫特先生说：如何关心宾客，如何使宾客满意和高兴是酒店服务最重要的事情。考夫特先生在1980年丽晶酒店开业时就从事礼宾工作。多年来，每个到过丽晶酒店、每个接受过考夫特先生亲自服务的宾客无不为他提供的"难不倒"服务所折服。

有一次，宾客在午夜提出要做头发，考夫特先生和值班的几位酒店员工迅速分头忙着联系美发师，准备汽车，15分钟内就把美发师接到了酒店，引入宾客房内，宾客感动地说这是奇迹。

还有一次，一对美国夫妻想到中国内地旅游，但要办签证，可他们只在动身的前一天才提出来。考夫特先生立即派一名工作人员直奔深圳，顺利地办完了手续。考夫特先生说："时间这么紧，只有这个办法，因此，再累再苦也得去。"

有人问考夫特先生："如果有人要上等特殊年份的香槟酒，而酒店中没有怎么办？"考夫特先生说："毫无疑问，我要找遍全香港。实在满足不了宾客，我会记下香槟酒的名称及年份，发传真去法国订购，并向宾客保证，他下次再来丽晶时，一定能喝上这种香槟酒。"

当然，我们不可能完全像考夫特先生那样，也许我们的酒店也不具备这种条件。但是，这种做酒店服务所应该具备的全心全意为宾客服务的精神和意识，是每个酒店服务人员必不可少的。

模块二　客房服务礼仪

客房部作为酒店营运中的一个重要部门，其主要的工作任务是为宾客提供舒适、安静、优雅、安全的住宿环境，并针对宾客的习惯和特点做好细致、便捷、周到、热诚的服务。客房部是酒店经济收入的主要来源部门之一，其经营管理直接关系酒店和员工的收益。

客房部的工作直接影响宾客的第一印象，其服务水平成为宾客评价酒店服务质量的主要依据之一，关系酒店的整体声誉及服务形象，所以，要十分重视客房服务人员的礼仪礼节。

一、宾客入住前服务礼仪

宾客入住前的准备工作是服务过程的第一个环节，它直接关系后面的几个环节和整个接待服务的质量，所以准备工作要做得充分、周密，并在宾客进店之前完成。

（一）了解宾客情况

为了正确地进行准备工作，必须先了解宾客到店时间、离店时间、从何地来、去往何地、人数、身份、国籍、健康状况、性别、年龄、宗教信仰、风俗习惯、生活特点及接待规格、收费标准和办法等情况，以便制定接待计划、安排接待服务。

（二）房间的布置和设备的检查

根据宾客的风俗习惯、生活特点和接待规格，对房间进行布置、整理。根据需要，调整家具设备，铺好床，备好热水瓶、水杯、茶叶、冷水具及其他生活用品和卫生用品。补充文具夹内的信封、信纸、服务指南、宾客须知和各种宣传品，补充冰箱中的饮料。

按照接待规格将酒店经理的名片放在桌上，如果是重要宾客，还要准备鲜花和水果以示欢迎。如果宾客在风俗习惯或宗教信仰方面有特殊要求，凡属合理的均应予以满足。对宾客宗教信仰方面忌讳的用品，要从房间撤出来，以示尊重。

房间布置好之后，要对房间内的家具、电器、卫生设备进行检查，如有损坏，要及时报修。要试放面盆、浴缸的冷热水，如发现水质混浊，须放水，直到水清为止。

宾客到达前要调好室温，如果宾客是晚上到达，要拉上窗帘，开亮房灯，做好夜床。完成准备工作后，服务人员应整理好个人仪表，站在电梯口迎候。

（三）迎接宾客

宾客由行李员引领来到楼层，服务员应面带笑容，热情招呼。如果事先得知宾客的姓名，在招呼时应说："欢迎您！××先生。"然后引领宾客到准备好的房间门口，侧身站立，行李员用钥匙打开房门，请宾客先进。

宾客进房后，针对接待对象，按"三到"即"客到、茶到、毛巾到"的要求进行服务。如果宾客喜欢饮冰水、用冷毛巾，也应按其习惯送上。

宾客初到酒店，不熟悉环境，不了解情况，行李员应首先向宾客介绍房内设备及使用方法，同时向宾客介绍酒店服务设施和服务时间。

二、宾客住宿服务礼仪

为了使宾客住得舒服、愉快，有宾至如归之感，日常的服务工作必须做到主动、热情、周到、细致。

（一）敲门服务礼仪

正确的敲门方法是：轻按门铃或敲门，可以敲 3 次，每次敲 3 下。第一次敲门报："Housekeeping，May I come in?"（客房服务员，我可以进房清扫吗?）若无回应，间隔 5 秒钟，再敲第二次。若无人应答，应缓缓地把门打开约 10 厘米，再敲第三次，表明自己的身份后，方可进入房间。如果宾客在房内，要等宾客同意方可进入，向宾客问候，询问是否可以打扫房间。

（二）洗衣服务礼仪

宾客在住店期间需要洗烫衣物，一般由客房服务员负责取送。服务员应每日 10:00 前检查所有续住房是否有客衣（DND 房除外）。宾客要求提供洗衣服务时，应请宾客在洗衣登记单上填好房号、姓名、所需洗涤衣物的件数及日期，并标记是普通洗涤还是快洗服务，干洗还是湿洗。

服务员要对收到的客衣进行数量清点，检查是否与洗衣单相符。检查客衣裤袋、衣袋是否有遗留物品。检查衣服是否有明显破损。填写客衣登记表（房号、姓名、件数、收洗衣经手人等），然后交洗衣房人员核对客衣件数，并检查客衣有无破损、褪色、掉扣等。发现问题应及时向宾客提出，经宾客认可后才能送洗。如宾客外出，应由楼层领班判断是否可以送洗。经领班判断不能送洗的，由洗衣房出具一张情况说明表向宾客说明情况。服务员应第一时间将情况说明表和客衣放回房间。

洗衣房人员送回客衣时，楼层服务员应核对客衣件数、质量等。双方签收并登记姓名、时间在客衣登记表上。楼层服务员收到客衣后应第一时间给宾客送入房间，把挂件挂到衣柜里。装折叠衣物的藤篮在补入房间前应该将房号贴条拆除，放于行李架或明显处，不可以放在衣柜内。

（三）客房清扫服务礼仪

（1）准备礼仪。客房服务员上岗前，应精神饱满、衣着整洁、化好淡妆。上班前应该注意自身的清洁和保持口气清新。

（2）进客房要做到"一看、二敲、三开、四进"，按照敲门服务礼仪进入宾客房间。

（3）宾客允许打扫或整理，则按照客房清扫顺序和规范进行。清扫时要注意"从上

141

图 5—2　客房清扫服务

到下、从里到外、环形清理、先铺后抹、干湿分离"的原则。清扫时，不打扰宾客谈话、不打听隐私、不把宾客的隐私转告他人，谈话要注意内容的选择、平等对待宾客（在清扫顺序上要灵活）、尊重宾客的意见、细心周到（认真观察宾客的喜好、忌讳，如冰块、茶叶、咖啡、开床、作息时间、盖被子的习惯等），对宾客物品做到不用、不移、不扔、不接（电话）。

（4）如果打扫卫生时宾客中途回房，首先要征求宾客的意见，宾客允许才能继续打扫。

（5）打扫完成，如宾客不在，应关好电源、锁上门；如宾客在，应主动询问宾客有没有需要帮助的事情，主动告诉宾客联系方式，鞠躬告别。

三、宾客离店服务礼仪

（一）宾客走前的准备工作

要了解宾客离店的日期、时间及所乘交通工具的车次、班次、航次，所有委托代办的项目是否已办妥，账款是否已结清，有无错漏。对于需要行李服务的宾客，特别是团体宾客，要通知行李员帮助宾客运送行李。

（二）定时的送别工作

利用宾客就餐时间，检查宾客有无物品遗留在房间，如有，要提醒宾客。宾客离开楼层时，要热情送到电梯口，有礼貌地说"再见"、"欢迎您再来"。服务员帮助宾客提行李，并送至大厅。对老弱病残宾客，要有专人护送下楼，并搀扶上汽车。

（三）宾客走后的检查工作

宾客走后要迅速进入房间，检查有无宾客遗忘的物品，如有，应立即派人追送，如送不到，应交总台登记保管，以便宾客寻找时归还。同时，要检查房间小物品如烟灰缸或其他手工艺品有无丢失，电视机、收音机等设备有无损坏，如有，应立即报告主管。

礼仪故事

三天变一天

正值秋日旅游旺季，两位外籍专家出现在上海某大宾馆的总台前。总台服务员小章（一位酒店专业实习生）查阅了订房登记簿之后，简单地向宾客说："已经有宾客预订了708号房间，你们只能住一天就走。"宾客听了以后很不高兴："接待我们的公司答应为我们预订时，曾问我们住几天，我们说打算住三天，怎么会变成一天了呢？"小章听了之后继续机械、呆板地用没有丝毫变通的语气说："我们没有错，你们有意见可以向合作公司提啊！"宾客此时更火了："我们要解决住宿问题，根本没有兴趣也没有必要去追究预订客房的差错问题。"正当僵局形成之际，前厅值班经理及时赶到，他首先表明他是代表宾馆总经理来听取宾客意见的，并先请宾客坐下，再请宾客慢慢地把意见说完，然后以抱歉的口吻说："您提的意见是对的，眼下追究合作方的责任不是最主要的，这几天正值旅游旺季，双人间的客房连日客满，我能不能先为您二位安排一处套房，请二位明后天继续在我们酒店做客，房价虽然高一些，但设备条件还是不错的，我们可以给您九折优惠。"两位宾客觉得值班经理的表现还是诚恳的、符合实际的，于是应允了。

没过几天，住在该宾馆的另外一位外籍宾客要去南京办事，打算仍回这里住，在离店时要求保留房间。总服务台的另外一位服务员小李在答复宾客时也不够机智，小李的话是："宾客要求保留房间，过去没有先例，这几天住房紧张，您就算付几天的房费，我们也无法满足您的要求！"宾客听后很不高兴地向大堂副理投诉。大堂副理请宾客坐下，了解了事由后对宾客说："我理解您的心情，我们真诚地希望您重返我宾馆住宿。我建议您先把房间退掉，过几天您回上海前先打个电话给我，我一定优先照顾您入住我们宾馆，即使没有空房，我也将设法安排您改住他处。"数日后，这位宾客归来，大堂副理替他安排了一间楼层、方位比原来还要好的客房。当宾客进入房间，看见特意为他摆放的鲜花时，不由得竖起了大拇指。

酒店是旅客之家，使他们没有漂泊感是酒店追求的目标，星级宾馆为了及时处理宾客投诉，设置大堂经理/大堂副理是必要的。当宾客在心理上产生不快和恼怒时，店方主管人员首先要稳定宾客情绪，倾听宾客意见，以致歉语气婉转地解释，用协商的方式求得问题的解决。要理解投诉宾客希望得到补偿的心理，不但要使他们在身心方面得到慰藉，而且在物质利益方面也有所获取。当宾客感到满意而又符合情理时，酒店的处理就算成功了。

<table>
<tr><td>模块三</td><td># 餐饮服务礼仪</td></tr>
</table>

餐饮服务是餐饮业的核心，餐饮服务人员每天与宾客面对面接触，其服务态度、业务水平、操作技能等都直接受到宾客的检验；餐饮服务人员的一颦一笑、只言片语，都有可能给宾客留下深刻的印象。除了一般意义上的服务之外，餐饮服务人员的礼仪服务非常重要。可以想象，宾客在餐厅品尝色、香、味、形俱佳的颇具特色的风味的同时，又能感受到服务人员语言文明、态度文明、动作文明和热情、主动、耐心、周到的礼貌服务，其生理上、心理上的需求一定能够得到极大的满足。

一、餐饮通用服务礼仪

（一）餐饮预订服务礼仪

餐饮预订的方式有很多种，主要有电话预订、面谈预订、传真预订和网络预订等，其中最常用的是电话预订。

电话铃响时，服务人员左手拿着听筒，右手准备好预订本。注意姿势端正、声音清晰、用语礼貌、请字当头、谢字不离口。电话铃响三声之内接起电话，报出酒店及部门名称，告知对方自己的姓名。例如，接听外线电话时说："您好/上午好/下午好，××酒店餐厅预订处，××为您服务。"接听内线电话时说："您好，餐饮预订，××为您服务。"尽量用姓氏称呼对方。主动向宾客介绍菜肴特点及标准，做好适时推销。仔细聆听宾客的说明，记录宾客的要求，包括抵店时间、房间名称、点菜/标准、人数、桌数、预订单位、联系人、联系电话、有无重要领导参加、特殊要求等。记录完毕后复述一遍，请宾客确认。在输入电脑时，应尽量把信息输入完整，重要信息重点标注并多次确认（特殊要求）。例如，清真宴必须特别注明，重点通知吧台；如宴会宾客中有糖尿病人，必须向厨房做重点说明；如有重要领导忌口的菜品，也要特别注明，并通知相关人员。

结束电话交谈一般应当由打电话的一方提出，服务人员则客气地道别，说一声："谢谢您的来电，恭候您的光临，再见！"不可直接挂断电话。

当宾客到预订处或打电话更改、取消所预订的宴会、婚宴、会议时，应听清宾客更改或取消的原因，并对宾客表示理解，欢迎宾客下次再来。同时，第一时间通知餐厅以及相关部门，做好取消预订的记录工作。

（二）卫生礼仪

1. 个人卫生

餐厅服务员的个人卫生十分重要。头发要经常梳洗，发型要朴实大方；指甲要经常修剪干净，不得留长指甲，也不要涂有色指甲油；注意口腔卫生，上班前忌吃葱、蒜、韭菜等使口内有异味的食物，不得喝酒。如果一个餐厅服务员不注意个人卫生，不修边幅、蓬头垢面地出现在宾客面前，必然会使宾客对酒店的卫生状况产生怀疑，这样就会直接影响餐厅的经营效果。

2. 环境卫生

餐厅必须讲究环境卫生，要为宾客创造一种良好的进餐环境。进餐环境包括卫生环境和文化环境。

3. 食品、餐具卫生

俗语说，"病从口入"。人们日常饮食卫生直接关系自身的健康。食品、餐具的卫生是餐厅提供服务过程中不可忽视的一部分，对宾客来说也是最敏感的问题。食品、餐具必须安全、卫生，这不仅关系餐饮服务的质量和酒店的声誉，更重要的是直接影响宾客的健康。所以，酒店提供的食品卫生必须符合国家制定的餐饮企业卫生标准。

（三）迎宾服务礼仪

1. 微笑迎客

迎宾接待人员应着装华丽、整洁、挺括，仪容端庄、大方，站姿优美、规范。迎宾要主动积极，答问要热情亲切，使宾客有受欢迎和被尊重的感觉。一般就餐，在宾客到来前，要有一两位服务员在餐厅门口迎接；若是较高规格的宴请，餐厅经理或值班经理必须在餐厅门口迎接。当宾客走到距餐厅门口约 1.5 米处时，服务员应面带微笑，拉门迎宾，并热情地问候："您好，欢迎光临！"或"小姐（先生），晚上好，请问一共几位？"或"您好，请问您有预订吗？"同时用靠门一边的手平伸指向大厅，请宾客入厅。如果男、女宾客一起进来，要先问候女宾，再问候男宾。见到年老体弱的宾客，要主动上前搀扶，悉心照料。

2. 帮宾客接物

假如宾客戴着帽子或穿有外套，在他们抵达时，应协助其拿衣帽，并予以妥善保管。如遇雨天，要主动收放宾客的雨具，并把这些东西放在合适的地方。但一定要先征求宾客的同意，假如宾客认为不行或不习惯别人帮助拿物，就不必拘泥于酒店的迎宾规则礼仪了。

3. 询问宾客是否预订

对已预订的宾客，要迅速查阅预订单或预订记录，将宾客引到其所订的餐桌。如果宾客没有预订，应根据宾客到达的人数、喜好、年龄等选择桌位，同时要考虑餐厅的整体平衡。

（四）入座服务礼仪

"迎客走在前，送客走在后，客过要让路，同走不抢道"，这是餐厅服务员迎送宾客时起码应掌握的礼仪常识。引领宾客时，应在宾客左前方 1 米左右的距离行走，并不时回头示意宾客，用手势把宾客引到其所订餐桌。

宾客被引到餐桌边，值台服务员应立即迎上前去，向宾客问候，然后按照先宾后主、女士优先的原则，以轻捷的动作，用双手拉开座椅，招呼宾客就座。拉椅让座时动作要和宾客配合默契，在宾客屈膝入座的同时，轻轻推上座椅，推椅动作要适度，使宾客坐好、坐稳。

对没有预订的宾客，引座时要根据宾客的不同情况，按先后次序分别安排座位。例如，对于单独光顾的宾客，要为其寻找合适的位置，如靠近窗户的座位；对于重要宾客，要把他们引领到本餐厅最好的位置；夫妇、情侣来就餐，可以把他们引领到比较安静处入座；服饰华丽、容貌漂亮的女士来就餐，可以把她引领到餐厅比较醒目的地方，这样既可以满足宾客心理上的需要，又可以为餐厅增添华贵的气氛；对于全家人或亲朋来聚餐的宾客，可以把他们引领到餐厅的中央餐桌就餐；年老体弱的宾客来就餐，应尽可能安排在出入比较方便的地方；对于有明显生理缺陷的宾客，要注意考虑安排在不太引人注目的位置。如果宾客要求到一个指定的位置，应尽可能满足其要求，如已被占用，应做解释、致歉，然后带他们到其他满意的位置去。靠近厨房出入口的位置往往不受欢迎，对那些被安排在此就餐的宾客要表示歉意。

宾客坐稳后，用托盘送上毛巾和茶水。递送时要从主宾开始按顺时针方向依次进行。递送香巾时要招呼宾客："先生（小姐），请！"送茶时切忌手指接触杯口，动作要轻缓。

（五）点菜服务礼仪

服务员要随时注意宾客要菜单的示意，适时地递上菜单。递送菜单时要从宾客的左边递上，态度恭敬，不可将菜单往桌上一扔或随便塞给宾客，不待宾客问话，即一走了之，这是很不礼貌的举动。对于男、女宾客或夫妇，应将菜单先递给女士；对于宴请，应将菜单先递给主宾，然后按逆时针方向为每位宾客送上菜单。

菜单送上后，服务员要耐心等待接受点菜，不要催促宾客，让宾客有充分的时间考虑决定。服务员应对菜单上宾客有可能问及的问题做好准备。对每一道菜的特点要能予以准确的答复和描述。当宾客一时不知点什么菜时，服务员应为其做好参谋，热情推荐本餐厅的特色菜、时令菜和创新菜等，但要讲究说话的方式和语气，察言观色，考虑宾客的心理反应，不要勉强或硬性推荐，以免引起宾客的反感。记录宾客点菜时，服务员应站在宾客的左侧，注意站立的位置和姿态，精神集中地聆听，随时准备记录。如果宾客所点的菜菜单上没有，不可一口回绝"没有"，而应尽可能满足宾客的要求。可以礼貌地说："我马上与厨师长商量一下，尽量满足您的要求，好吗?"如果宾客点到的菜已无货供应，服务员应主动道歉，取得宾客的谅解，并婉转地建议宾客点其他口味相近的菜肴。

(六) 值台服务礼仪

1. 斟酒服务

斟酒要严格按照规格和操作程序进行。宾客决定选用哪一种酒水时，服务员不要想当然地自作主张。凡是宾客点用的酒水，开瓶前，服务员应左手托瓶底，右手扶瓶颈，商标朝向宾客，请其辨认。这主要包含三层意思：一是表示对宾客的尊重，二是核对选酒有无差错，三是证明商品质量可靠。斟酒的程度，要根据各类酒的要求而定。例如，斟倒白酒一般斟八分满即酒杯的3/4稍多一点；红酒一般只斟酒杯的2/3，因为红酒杯比白酒杯大，一次不宜斟得过满；斟倒香槟酒要分两次斟，第一次先斟1/3，待泡沫平息下来，再斟至2/3或3/4即可；斟啤酒或其他发泡酒时，也因泡沫较多，酒水极易沿杯壁溢出杯外，故斟倒速度要缓慢，也可分两次斟或使啤酒沿着杯的内壁流入杯内。斟酒的顺序是先主宾、后主人，再按顺时针的方向依次进行。斟酒时瓶口不要碰到杯口，也不要拿得过高，以免酒水溅出。不要站在一个位置上为两位宾客同时斟酒。

2. 上菜服务

上菜要从宾客的左边用双手将菜放在餐桌上，最好在陪同或翻译之间进行，不要在主宾和主人之间，以免影响他们用餐。上菜的同时要报菜名，必要时简要介绍所上菜肴的风味特色、典故、食用方法等，然后请宾客品尝。例如，送上的食品是汤包，有的宾客不懂得正确的食用方法，夹起汤包就往嘴里送，有可能会被汤包里的汤烫伤，因此，服务员就有必要先解释一下。还要掌握好上菜时机和遵循一定的上菜程序，并根据宾客的要求和进餐的快慢灵活掌握，既不能只管上菜，造成桌面上盘叠盘的杂乱现象，也不能间隔时间过长，造成难堪局面，致使宾客不满意，影响服务质量。

3. 分菜服务

高级宴会分菜要按照先男主宾、后女主宾（一般酒席宴会按照先女主宾、后男主宾）、再主人和一般来宾的顺序逐次分派。分菜要注意将菜肴的优质部分分给主宾或其他宾客,要掌握好分量,分派均匀。

4. 撤换餐具服务

为体现菜肴的名贵、突出菜肴的风味特点、保持桌面卫生雅致,在进餐的过程中,需要多次撤换餐具。重要的宴会要求每上一道菜换一次餐碟,一般宴会的换碟次数则不得少于三次。撤换餐具时,要注意宾客是否吃完(西餐可看刀叉是否已合拢并排),如无把握,应轻声询问:"请问,这还需要吗?"或"可以撤吗?"切不可在宾客正在吃时撤餐具,那是很不礼貌的。撤换餐具要轻拿轻放,若使用托盘,动作要优雅、利落。

5. 主动服务

在宾客就餐的整个过程中,服务员应主动为宾客提供相应服务,以满足宾客的需求。所谓的主动服务,就是宾客尚未开口,服务员通过宾客在需要帮助时所表现出来的种种迹象(表情、手势、姿势等)就能意识到并及时提供帮助。例如:宾客在进餐时起身或张望,表明宾客有事求助或询问,服务员应主动上前给予帮助;宾客将茶壶拿起又放下,服务员应主动加茶;宾客将烟叼在嘴上,两手在摸口袋时,服务员应主动上前帮忙点火;发现宾客有筷子掉在地上,服务员应及时上前为其换上干净的筷子;等等。

(七)结账送客服务礼仪

宾客餐毕,应把账单正面朝下放在小托盘上,从宾客的左边递上(一般递给东道主,而不要直接递给其他宾客)。宾客付款后,要表示感谢。宾客结完账起身离座时,应及时拉椅方便宾客离开,同时提醒其是否遗忘了随身物品,并说"再见,欢迎下次再来"或"再见,希望您满意"等问候语。鞠躬施礼,目送宾客离去。

图5—3　中餐厅服务

二、西餐零点服务礼仪

(一) 餐前准备

1. 铺设餐台

西餐厅服务员应按本餐厅正餐的要求摆台，并将各种刀、叉、勺、餐盘、咖啡杯、酒杯以及酒篮、冰桶等餐具配备充足。

2. 餐前短会

开餐前半小时，餐厅经理或主管要召开餐前短会，宣布任务分工和当日客情，介绍当日特色菜肴及服务，检查员工仪容仪表，强调 VIP（重要宾客）接待注意事项，分析本餐厅典型事例并做处理。

(二) 开餐服务

1. 迎宾引座

宾客进入餐厅，要面带微笑向宾客问好，并问清有否预订，视宾客人数将其引领到合适的餐台，按女士优先的原则给宾客拉椅让座。

2. 餐前酒服务

餐前酒一般是开胃酒或鸡尾酒。当宾客落座后，应介绍本餐厅的餐前酒，记下每位宾客所点的酒水，并复述一遍，尽快送上餐前酒。对未点餐前酒的宾客，应为其倒上冰水。

3. 接受点菜

按先女后男、先宾后主的顺序为每位宾客递送一份干净的菜单，打开菜单的第一页在宾客的左边递上，同时介绍当天的特色菜肴，并耐心回答宾客的问题。接受点菜时一般站在宾客右边，从主人右侧的宾客开始，按逆时针方向进行。

4. 呈递菜单

根据宾客点的菜，介绍并推销与其相配的佐餐酒，为宾客留出选择的时间。

5. 接受点酒

征求宾客意见并开出佐餐酒订单。如果宾客点红葡萄酒，要问清是现在喝还是配主菜喝。如果配主菜喝，要问明现在是否开瓶。根据订单重新摆放酒杯，并将多余的酒杯撤下。

（三）就餐服务

1. 上黄油、面包

将新鲜的黄油、面包从宾客的左侧按先女后男的顺序分别放入宾客黄油碟和面包盘内。

2. 佐餐酒服务

先向主人示瓶，待其确认后再往杯中斟少许让其品尝，然后在宾客右侧按先女后男的顺序斟酒，最后轮到主人。

3. 头菜服务

上菜时用右手从宾客右侧端上，直接放入装饰盘内。

4. 撤走头盘

当宾客用完头菜后，用右手从宾客右侧撤下头盘，要徒手撤盘。

5. 上汤

汤盘直接放入装饰盘，宾客用完后，把汤盘连同装饰盘一起撤下。

6. 主菜服务

从宾客右侧上主菜，并报菜名，牛排、羊排要告知几分熟。撤盘时要徒手撤走主菜盘及刀叉，并将桌上的面包屑清理干净，而后征求宾客对主菜的意见。

7. 上甜品和水果

向宾客展示各种奶酪及甜点并提供服务、推销水果。

8. 咖啡或茶服务

询问宾客要喝咖啡还是茶，随后送上糖盅、奶壶、柠檬片、咖啡具或茶具，从宾客右侧斟上咖啡或茶。

9. 推销餐后酒

餐后酒一般是一些利口酒或白兰地。展示餐后酒车，征求宾客意见并为之服务。

（四）送宾服务

1. 结账

只有宾客要求结账时，服务员才能去收银台通知收银员汇总账单。服务员要仔细检查账单，核实无误后，将其放入收银盘或收款夹，递给宾客，不要读出金额总数。宾客付款后，应站在宾客身边将收到的现金点清，而后道谢，随即将现金与账单一并送至收银台，找回的零钱按呈递账单的方式交给宾客。

2. 送客

宾客起身离座，要帮助其拉椅，并提醒宾客带上随身物品，最后有礼貌地向宾客告别。

三、特殊宾客服务礼仪

（一）对年幼宾客的接待

要耐心、愉快地照应年幼宾客，准备好儿童座椅，帮助其父母使小宾客坐得舒服。如果能为小宾客提供围兜、坐垫和餐厅赠送的小礼品，那就更能让其父母开心了。未征得其父母的同意，不得抱、逗小孩或抚摸小孩的头，不要随便给小孩吃东西。

（二）对醉酒宾客的处理

如果宾客确已喝醉，应该有礼貌地告诉宾客，不能再向他提供酒水，同时安排宾客到不打扰其他宾客的地方。如果宾客呕吐或带来其他麻烦，服务员要有耐心，迅速清理污物，不要抱怨，为其安全起见，还应交代保安部门派员陪同宾客离开。

（三）对残疾宾客的服务

残疾宾客在餐厅就餐时，服务员应提供特别服务，要尊重、关心、体贴和照顾他们，使他们的需要得到满足。例如，对双目失明的宾客，可把菜单读给他们听，并伴以较为详细的解释。当菜肴送到餐桌时，要将菜盘的位置告诉宾客；对聋哑宾客，服务员在不懂哑语的情况下，要细心观察、揣摩，可用手指菜肴的方法征求他们的意见；对肢体残疾的宾客，要尽可能安排他们在餐厅门口附近的餐桌就餐；等等。不要投以异样的目光，更不能指点议论。

（四）对宾客投诉的处理

服务员无论怎样尽力，在服务中要使每一位宾客每时每刻都感到满意也是有难度或者说做不到的。因此，在不能自我降低服务标准的同时，餐厅服务员还应随时准备接待宾客的投诉。对待宾客的投诉要做到耐心、诚心、尽心，这样有助于大事化小、小事化无。正确地处理投诉，可以提高餐厅的服务质量和声誉。宾客来餐厅，无非是想通过进餐获得享受，他们的投诉恰恰反映出在享受过程中的不满意。因此，宾客投诉时，无论什么情况，服务员应本着"宾客至上"的原则，不要和宾客争辩，即便宾客投诉有误也要对其说声"对不起"以表歉意。接到宾客的投诉，应向主管部门报告，使宾客感到他的投诉受到了重视，因而会使怨气下降而满意度上升。在处理宾客投诉时应耐心聆听，并采取相应的措施予以弥补或改进。

重叠的菜盘

　　小李是某三星级酒店餐饮部的服务员。一次，有三个宾客在酒店餐厅就餐，点了很多菜，其中一道菜叫"海参扒肘子"。当最后一道菜上来时，小李发现餐桌上已经没有足够的空间放下新的菜品了，于是她不假思索地就把新上的菜放在了宾客吃的还剩一个肘子的"海参扒肘子"的餐盘上。其中一位宾客发现后，半开玩笑地对小李说："小姐，我们这道菜还没有吃完，你怎么就把菜放到上面了？"小李当天的心情正好不好，听到宾客说的话，更是不舒服，于是就顶了一句："到这儿来吃饭，还在乎这么一个肘子吗？又不是没有钱。"宾客本来开玩笑的一句话，经小李这么一说，宾客笑意全无，于是，两个人争吵起来。宾客觉得面子上很过不去，就向餐厅经理投诉，小李受到经理的批评，向宾客道歉。同时，酒店只得又重新做了一盘"海参扒肘子"给宾客。

　　有位哲人说："如果你赢了一场争吵，你便失去了一位朋友。"在酒店中，"如果服务员赢了宾客，那无异于在宾客脸上打了一记耳光，把宾客赶走"。在一流的酒店里，宾客与酒店员工之间是很少发生摩擦的。一般而言，那里的员工都是有耐心、有礼貌的。坐落在泰国首都曼谷的曼谷东方宾馆规定，任何一名酒店员工都不能与宾客争吵，如果发现谁与宾客争吵，就立即解雇。所以该酒店的员工对待宾客都彬彬有礼、态度和蔼，这为酒店赢得了声誉，树立了良好的形象，很多宾客慕名专程远道而来。曼谷东方宾馆也因此被美国权威的《公共事业投资者》杂志评为"世界最佳饭店宾馆"。

模块四　　康乐服务礼仪

　　康乐部是酒店为宾客提供康体、娱乐、保健和休闲活动的场所。随着生活节奏的加快和人们精神生活享受的提高，康乐部已经成为酒店吸引宾客的重要部门。康乐部在完善酒店服务类型、丰富酒店宾客来源、提升酒店品质等方面有着不可替代的作用。作为康乐部的员工，不仅要按照酒店的服务规范做好相关接待工作，更要注重接待服务中的礼貌礼节问题。

一、游泳池服务礼仪

游泳池服务员应精神饱满、仪表整洁，面带微笑迎接宾客的到来。对于常客和 VIP 宾客，使用姓氏称呼，表示对其尊敬，让宾客感觉宾至如归。礼貌地递送衣柜钥匙和毛巾，引领宾客到更衣室，并提醒宾客妥善保管自己的贵重物品。如果需要寄存，则应该在服务台办理寄存。提醒宾客进入游泳池前须冲淋，并经过消毒浸脚池。对喝酒者和患有皮肤病的宾客，谢绝进入游泳池。

宾客游泳时，服务员（救生员）要注意巡视泳池，特别要注意老人、儿童的情况，以免发生意外事故。热情地为宾客提供各项服务，礼貌地提醒宾客不要在池边跳水、追逐、嬉闹。宾客离开时，礼貌地请宾客不要忘记交回衣柜钥匙及其他用品，提醒宾客不要忘记带走自己的物品。礼貌地送别宾客，欢迎宾客再次光临。

二、健身房服务礼仪

健身房服务员应微笑迎客、礼貌问候。宾客来时，应热情致意表示欢迎。询问宾客是否有预订，登记宾客姓名、房号，并引领至健身房，发放钥匙、毛巾，并告之更衣室的方向。宾客如有需要，应认真介绍各种设施的使用方法及注意事项。宾客需要健身指导或帮助时应热情友善、认真示范、细心讲解，不要有厌烦情绪。宾客健身时，应注意宾客的安全，注意提供保护，以免发生意外。宾客离开时，要礼貌道别，并欢迎宾客再次光临。

三、棋牌室服务礼仪

棋牌室服务员应该精神饱满地迎接宾客。宾客由迎送服务员带领至棋牌室，棋牌室服务员应主动热情地上前迎接，行鞠躬礼，以示欢迎。在宾客右前方两三步处指示其进入棋牌室，遇台阶处或拐弯处，提醒宾客留意，用眼睛余光留意后面宾客能否跟上。

服务员进入棋牌室后应敏捷开灯，并请宾客进入房间。详细介绍棋牌室设施设备的使用细则，礼貌征询宾客需求，并介绍茶水品种及消费概况。精确默记每位宾客所点茶水及特殊要求，点好后将所点种类、数目复述一遍，然后请宾客签字确认，退出房间并关上门。将茶水顺次送到对应宾客旁。在宾客消费时期，注意宾客动态，及时添加茶水、撤换烟灰缸。

宾客消费完毕后离开棋牌室，提醒宾客带好手牌及随身物品。

四、桑拿浴服务礼仪

见到宾客，服务员应礼貌地询问宾客准备消费的项目，请宾客出示消费卡或房卡。收递物品应用双手，不方便用双手时，应用右手。更衣室服务员应按递物礼仪向宾客递送更衣柜钥匙，并提醒宾客妥善保管。

服务员应用规范的手势为宾客指引更衣室方向。宾客进入更衣室后，更衣室服务员应微笑致意、主动问好，用规范的手势为宾客指示更衣柜的位置。宾客更衣时，服务员应适时回避。宾客更衣完毕，服务员应提醒宾客妥善保管钥匙。

提供饮品服务时，服务员应按照礼仪规范呈递饮品单。端送饮品或撤换用过的餐具时应使用托盘。服务员应随时留意活动场所动静，及时回应宾客需求。

五、KTV 服务礼仪

KTV 服务员应该着制服，衣着整洁，热情友好。

服务时，应用托盘从宾客的右侧上酒水、饮料。上酒水时要请注意周围环境和脚下的情况，避免碰到宾客，或者打翻酒水。

宾客点瓶酒时要示瓶，宾客认可后方可开瓶。斟酒时，要注意先宾后主、先女后男、先老后少的顺序。

宾客示意结账时，要尽快用托盘递上账单，请宾客核实。收银后及时将找零和收据交给宾客。当付款的宾客有醉意时，要让其同伴知晓，以免发生不必要的误会。宾客给小费时应表示感谢，但不得索要小费，或暗示宾客给小费。

要巧妙地劝导宾客不要饮酒过度。对喝醉的宾客要礼貌对待，并提供尽可能的帮助。要注意 KTV 内的情况，发现问题苗头应及时采取措施，以免发生意外。如有意外发生，要保持冷静，迅速向上级反映。

宾客离开 KTV 时，应提醒宾客不要忘记随身携带的物品，热情道别并欢迎宾客再次光临。

应主动帮助饮酒过量的宾客招呼出租车，并记下出租车的车牌号、开车时间、宾客携带的物品，以防不测。

礼仪故事

永远微笑服务

1919年，希尔顿把父亲留给他的1.2万美元连同自己挣来的几千美元投资出去，开始了他雄心勃勃的经营旅馆生涯。当他的资产从1.5万美元奇迹般地增值到几千万美元的时候，他欣喜自豪地把这一成就告诉母亲，母亲却淡然地说："依我看，你跟以前根本没有什么两样……事实上你必须把握比5 100万美元更值钱的东西：除了对宾客忠诚之外，还要想办法使希尔顿旅馆的宾客住过了还想再来住，你要想出这样的简单、容易、不花本钱而行之久远的办法来吸引宾客。这样你的旅馆才有前途。"

母亲的忠告使希尔顿陷入迷惘：究竟什么办法才具备母亲指出的这四大条件呢？他冥思苦想，不得其解。于是他逛商店、串旅店，以自己作为一个宾客的亲身感受，得出了"微笑服务"这一准确的答案——它同时具备了母亲提出的四大条件。

从此，希尔顿开始实行"微笑服务"这一独创的经营策略。每天他对服务员说的第一句话是："你对宾客微笑了没有？"他要求每个员工不论如何辛苦，都要对宾客投以微笑。

1930年，西方国家普遍爆发经济危机，这也是美国经济萧条最严重的一年，全美旅馆倒闭了80％。希尔顿的旅馆也一家接一家地亏损不堪，曾一度负债50亿美元。但希尔顿并未灰心，而是充满信心地对旅馆员工说："目前正值旅馆亏空、靠借债度日的时期，我决定强渡难关，请各位记住，千万不可把愁云挂在脸上，无论旅馆本身遭遇的困难如何，希尔顿旅馆服务员的微笑永远是宾客的阳光。"因此，经济危机中纷纷倒闭后幸存的20％的旅馆中，只有希尔顿旅馆服务员面带微笑。经济萧条刚过，希尔顿旅馆便率先进入繁荣时期，跨入黄金时代。

众所周知，有美国"旅馆之主"之称的希尔顿，是世界上非常有名气的酒店业者，是国际酒店第一管理者，也是经营最长久的企业家之一。在从1919年到1976年的57年时间里，美国希尔顿旅馆从一家店扩展到70家，遍布世界五大洲的各大城市，成为全球规模最大的旅馆之一。50多年来，希尔顿旅馆生意如此之好，财富增加得如此之快，其成功的秘诀之一，就在于服务人员微笑的魅力。

▶ **能力训练与思考**

一、前台预订服务礼仪训练

（一）训练时间

4 课时。

（二）训练目的

通过当面预订实训，掌握接受宾客当面预订客房的有关知识，学习预订咨询、推销饭店客房等工作所需要的知识和技能。

（三）物品准备

圆珠笔、预订单、团队预订单、预订确认函、电话。

（四）训练要求

1. 明确前厅部客房预订的操作规范。

2. 能根据规范要求完成宾客预订。

（五）训练过程

1. 主动问候前来预订的宾客。

2. 明确客源类型，听取宾客预订要求。

3. 明确宾客订房要求。根据宾客预期抵达日期、所需客房种类、所需客房数量、所住天数等因素，受理预订，向宾客作产品介绍和推销。注意掌握宾客心理，采取适当的报价方式。

4. 接受或婉拒预订。

5. 重复宾客预订信息，确认预订内容：预订房间，预住期限，房价，付款方式，有关政策（如订房截止日期等）。

6. 记录并存档订房资料。

7. 宾客抵达前准备工作，宾客取消预订、变更预订要求处理。

（六）实训考核

教师根据学生操作熟练程度和准确情况进行评分。

二、客房清扫服务礼仪训练

（一）训练时间

4 课时。

（二）训练目的

通过客房服务礼仪实训，掌握客房清扫礼仪服务的相关要求，提升服务水平。

（三）训练要求

1. 明确客房服务礼仪的操作规范。

2. 能根据规范要求完成客房清扫工作，包括敲门礼仪、招呼礼仪等。

（四）训练过程

1. 敲门礼仪，注意敲门的方式、敲门的力度和节奏、敲门后的自报家门。

2. 进门礼仪。

3. 征询宾客的要求，认真听取宾客的要求。

4. 按照操作规范完成客房清扫工作。

5. 出门礼仪。

6. 做好相关记录工作。

（五）实训考核

教师根据学生操作熟练程度和准确情况进行评分。

三、中餐服务礼仪训练

（一）训练时间

4 课时。

（二）训练目的

通过中餐服务礼仪实训，掌握中餐礼仪服务的相关要求，提升服务水平。

（三）训练要求

1. 明确中餐服务礼仪的相关要求和操作规程。

2. 能根据要求完成中餐服务过程。

（四）训练过程

1. 教师讲解中餐礼仪服务的相关要求，并对重点环节进行现场示范。

2. 学生两人一组进行组合练习，一位扮演宾客，一位扮演中餐服务员。

3. 学生练习时，教师在一旁纠正、指导。

4. 学生总结训练的感受和体会，指出掌握服务礼仪要领的难点和重点。

5. 推选最佳表现组合进行展示。

6. 教师对训练情况进行点评。

项目六　｜｜　**涉外礼俗——谦和有礼的**
国际交流

知识目标

● 理解并掌握国际礼仪的基本原则，了解涉外活动中的礼宾次序；

● 掌握会见、会谈、签字仪式的场地布置及接待规范；

● 了解我国主要客源国接待礼仪。

素质与能力目标

● 随着国际化的深入，酒店服务人员必须具备"国际人"的基本素养。同时，在日常接待中也有很多与外宾接触交流的机会，掌握国际礼仪、客源国礼仪有助于提升基本素质和服务水准。

随着经济的快速发展，国人的生活水平日益提高，中国人到外国去，外国人到中国来，中国人越来越成为"国际人"。与此相适应，我们要有"国际人"的胸怀和视野，主动了解和掌握各项涉外礼仪规范，确保在不断扩展的涉外交往活动中，展现中华民族的良好形象，展现礼仪之邦的大国风范和殷勤好客的接待水准，这些都给酒店服务人员提出了更新、更高的要求。只有懂得并运用相关的国际礼仪及操作规范，掌握世界各地风土人情知识，尤其是我国主要客源国的习俗礼仪，才能使酒店服务工作顺利开展，为宾客提供完美、贴心的服务。

模块一 国际接待礼仪

一、国际礼仪概述

国际礼仪是人们在国际交往中必须遵守并运用的共同性的礼仪与习俗规范，是国际交往的行为准则，其最重要的精神在于尊重他人、尊重环境、尊重生命。国际礼仪重在表达礼貌、友善与助人之意，强调"求同存异"与"遵守惯例"。

（一）国际礼仪的基本原则

1. 注重形象

在国际交往中，形象是一种效益，形象是一种宣传，形象是一种教养，形象是一种服务。注重个人形象，不仅因为它能反映一个人的精神面貌与生活态度，体现一个人的品位和教养，更重要的是，它能折射出中华民族的整体形象。每一个人在参与国际交往时，都必须清醒地意识到自己在外国人眼里，通常代表的不是个人，而是代表自己的国家、自己的民族、自己所在的集体。因此，必须时刻注意维护自身形象，做到言行举止从容得体、优雅端庄，塑造良好的个人形象。除此之外，还应具有维护整体形象的意识，对自己的同胞、单位、国家和民族不得妄自菲薄、自我贬低、随意指责，应该怀有敬意，注意维护祖国尊严。对任何交往对象都要一视同仁，给予平等的尊重与友好，在尊重他人的同时，做到尊重自我，只有自尊才能赢得别人的尊重。

2. 遵时守约

"言必信，行必果"，这不仅是中国人的行为准则，也是国际通用的行为准则。说话要有诚信，承诺必须兑现，这是公认的建立良好人际关系的基本前提。所以，在涉外交往中，应该注意以下三点：首先，慎于承诺，即不要轻易承诺；其次，有诺必践，对于已经作出的约定，务必认真遵守；再次，及时通告说明原委，一旦不能如期履行承诺，必须尽早向相关人员通报、解释，并郑重地向对方致歉，主动承担由此给对方带来的物质损失，在力所能及的范围内采取一切可行的补救措施。遵守时间是信守承诺的一种具体体现，因为在现代社会中，时间就是金钱，时间就是效率，时间就是生命，这已经成为衡量、评价一个人文明程度的重要标准之一。不遵守时间，可以认为是不尊重交往对象。遵守时间的具体要求有三点：一是要有约在先，二是要如约而行，三是要适可而止。

3. 求同存异

"求同"是指遵守国际惯例，重视礼仪的"共性"。"存异"是指各个国家的礼仪习俗存在差异性，不可忽略礼仪的"个性"，并且在必要的时候要提前掌握、了解交往对象的礼仪习俗，以示尊重。"十里不同风，百里不同俗，千里不同情"，在国际交往中，既要遵守约定俗成的普遍性的习俗规范，又要自觉学习各国不同的风土人情。例如：中国传统礼节往往是热情奔放的，如欣赏相声时的哄堂大笑，观看京剧时的起哄叫好；西方礼节往往是内敛庄重的，侧重于内心的倾听和情感的交流，如欣赏音乐会时的沉浸，面对艺术品时的深思。但方式的不同并不能掩盖观众发自内心的对表演者和艺术家的尊重、喜爱、赞赏之情，礼仪外在形式的区别并不能割断人性人情的交流和传递，在这一点上，中西是共通的。

4. 尊重隐私

在与国际友人打交道时，一定要充分尊重对方的个人隐私权。在言谈交流中，对于可能涉及对方个人隐私的一切问题，都应该自觉地、有意识地予以回避。不可按照我国的习惯，打破砂锅问到底，否则有可能造成对方不快，甚至会影响双方的关系。此外，还应该注意包括自己在内的其他人的隐私也不要随意传播和泄露，要自觉尊重所有人的隐私，比如，不可在公共场合随意整理衣饰、化妆或补妆。一般而言，在国际交往中，职业收入、年龄大小、恋爱婚姻、身体状况、家庭情况、个人经历、宗教信仰、政治见地以及行为动向等方面皆属于个人隐私，交谈时要自觉避免涉及。

5. 女士优先

"女士优先"是国际社会公认的一条重要礼仪原则，其核心思想是：在一切社交场合，男士都有义务自觉地以自己的实际行动尊重女性、照顾女性、体谅女性、关心女性、保护女性，而且要想方设法、尽心竭力地为女性排忧解难。这是因为女性是人类的母亲，对女性处处照顾，就是对人类的母亲表示感恩之情。倘若因为男士的不慎，而使女性陷入尴尬、困难的处境，便意味着男士的失职。人们一致认为，男士只有尊重女性，才具有绅士风度；反之，则是缺乏修养的莽夫粗汉。在现实生活中，女士优先具体体现在：女士下车，男士应主动为其开门；步进室内，让女士先进，男士应帮其脱大衣，让其先入座；上车或乘电梯，让女士先上先下；在路上行走，男士应放慢步伐，与女士并进，并走在有车辆行驶的一侧，保护女士安全；在女士面前，男士不应说脏话、开无聊的玩笑；在发言时，讲话者提及听众，应以"女士们、先生们"作为开头语；等等。

6. 以右为尊

在正式的国际交往中，当需要将人们进行并排排列时，应遵循"以右为尊"的国际礼仪惯例，即以右为上、以左为下，以右为尊、以左为卑，以右为客、以左为主。例如，宾主正式会晤时，主人往往会安排来宾在自己右侧的尊贵位置上就座；宴请用餐时，主人会请主宾坐在自己右手边。这是国际交往中确定礼宾次序的主要指导原则。

7. 入乡随俗

在国际交往中，"入国而问禁，入乡而问俗，入门而问讳"，是人人须知的一项常识。"入乡随俗"是指在涉外交往中，要真正做到尊重交往对象，就必须尊重对方所独有的风俗习惯。当身为东道主时，应遵循"主随客便"原则；当身处异国他乡时，应遵循"客随主便"原则。这对加深双方之间的理解与沟通，以及恰如其分地向外国友人表达我方的尊重、友好之意均有促进作用。因此，涉外人员必须充分地了解交往对象的礼仪与习俗，特别是相关的禁忌，做到知己知彼、规范使用。

8. 保护环境

在当今的国际交往中，是否具有环境保护意识已成为考量现代人的教养、文明程度的重要标志，也是同外国友人沟通交流时需要特别关注的问题。涉外交往中，应该具有爱护环境、善待自然、珍惜并合理利用资源的环保态度，建立起保护动植物的正确意识，禁止乱砍滥伐，善待动物、珍爱宠物、保护稀有动物。例如，有些人为了向外宾表示热情好客，不惜花巨资购买珍禽异兽做成食物款待外宾，而外宾愤怒离席、拂袖而去。因此，我们应该自觉地提升文明程度、增强环保意识，不断地摒弃落后的习俗和不文明的行为，更好地展现文明古国的风采。

（二）礼宾次序

礼宾次序是指依照国际惯例，对参与国际交往的国家、团体和个人的位次按某些规定和惯例所排的先后次序，以突出来访者或贵宾的身份。一般来说，礼宾次序体现了东道主对各国宾客所给予的礼遇，在一些国际性的活动或会议上则表现了各国主权平等的地位。礼宾次序安排不当或不符合国际惯例，会引起不必要的矛盾与争端，甚至影响国家间的友好关系。因此在组织涉外活动时，一定要重视礼宾次序，既要做到大体上平衡，又要综合考虑宾客的身份、职务、威望、资历、年龄及国家间的关系等。我国在涉外活动中的礼宾次序，一般有按身份与职务、按字母顺序和按时间顺序排列三种方法。

1. 按身份与职务排列

这是礼宾次序排列的主要根据。一般的官方活动，通常是按身份与职务的高低安排礼宾次序，如按国家元首、副元首、总理（首相）、副总理（副首相）、部长、副部长的顺序排列。各国提供的正式名单或正式通知是确定身份与职务的依据。由于各国的国家体制不同，部门之间的职务高低不尽一致，因此要根据各国的规定，按相对的级别和官衔进行安排。

2. 按字母顺序排列

多边活动中的礼宾次序有时会按参加国国名字母顺序排列，一般以英文字母排列居多，少数情况下也有按其他语种的字母顺序排列的。这种排列方法多用于国际会议、体育赛事。在国际会议上，公布与会者名单、悬挂与会国国旗、安排座位等均按各国国名英文拼写字母的顺序排列。联合国大会的席次也按英文字母顺序排列，但为了避免一些国家总是占据前排席位，每年抽签一次，决定本年度大会席位从哪个字母开始排列，以便让各国都有机会排在前列。在国际体育比赛中，体育代表团名称的排列、开幕式出场的顺序一般也按国名字母顺序排列（东道国一般排在最后）。

3. 按时间顺序排列

在一些国家举行的多边活动中，东道国对同等身份的外国代表团，按时间顺序排列礼宾次序，主要分为以下几种情况：

（1）按派遣国给东道国通知中组成代表团的日期排列。

（2）按代表团抵达活动地点的时间顺序排列。

（3）按派遣国决定应邀并派遣代表团参加该项活动的答复时间顺序排列。

在实际工作中，遇到的情况往往比较复杂，所以礼宾次序不能按一种方法排列，而是几种方法交叉使用，顾全其他因素。如在某一多边国际性活动中，对与会代表团礼宾次序的排列，首先是按正式代表团的规格，即代表团团长的身份高低来确定；在同级代表团中则按派遣国确定代表团组成日期的先后来确定；对同级和同时收到通知的代表团，则按国名英文字母顺序排列。

二、迎送礼仪

（一）官方迎送

各国对外国国家元首、政府首脑的正式访问，往往都会举行隆重的欢迎仪式。对军方领导人的访问，也会举行一定的欢迎仪式，如安排检阅仪仗队等。对其他人员的访问，一般不举行欢迎仪式。然而，对应邀前来访问者，无论是官方人士、专业代表团还是民间团体、知名人士，在他们抵离时，都应安排身份相当的人员前往机场（车站、码头）迎送。

1. 确定迎送规格

对来宾的迎送规格，各国做法不尽一致。确定迎送规格，主要依据来访者的身份和访问目的，适当考虑两国关系，同时注意国际惯例，综合平衡。主要迎送人通常都要与来宾的身份相当，但由于各种原因（例如国家体制不同，当事人年事高不便出面、临时身体不适或不在当地等），不可能完全对等。遇此情况，可灵活变通，由职位相等的人士或由副职出面。总之，主人身份要与宾客相差不大，以同宾客对口、对等为宜。当事人不能出面时，无论作何种处理，均应从礼貌出发，向对方作出解释。也有从发展两国关系或当前政治需要出发，安排较大的迎送场面和给予较高礼遇的情况。然而，为了避免造成厚此薄彼的印象，非有特殊需要，仍要注重国际惯例，保持必要的平衡。

2. 掌握抵达和离开的时间

必须准确掌握来宾乘坐飞机（火车、船舶）的抵离时间，及早通知全体迎送人员和有关单位。由于各种不可抗因素，出现延误抵达或行程取消等情况，应及时通知。一般大城市的机场离市区较远，因此既要顺利地接送宾客，又不过多耽误迎送人员的时间，就要准确掌握抵离时间。迎接人员应在飞机（火车、船舶）抵达之前到达机场（车站、码头），送行则应在宾客登机（上车、登船）之前抵达（离去时如有欢送仪式，应在仪式开始之前到达）。如宾客乘坐班机离开，应提醒其按航空公司规定的时间抵达机场办理有关手续，也可以由接待人员为重要贵宾提前代办手续。

3. 献花

如安排献花，须用鲜花，并注意保持花束整洁、鲜艳，忌用菊花、杜鹃花、石竹花以及黄色花朵。有的国家习惯送花环，或者送一两枝名贵的兰花、玫瑰花等。通常由儿童或年轻女士在参加迎送的主要领导人与宾客握手之后，将花献上。有的国家由女主人向女宾献花。

4. 介绍

宾客与迎接人员见面、互相介绍时，通常先将前来欢迎的人员介绍给来宾，可由礼宾或公关人员或其他接待人员介绍，也可以由欢迎人员中身份最高者介绍。宾客初到，一般较拘谨，主人宜主动与宾客寒暄。

5. 陪车

宾客抵达后，从机场到住地，以及访问结束，由住地到机场，有的安排主人陪同乘车，也有不陪同乘车的。如果主人陪车，应请宾客坐在主人的右侧。如果是三排座的轿车，译员坐在主人前面的加座上；如果是二排座的轿车，译员坐在司机旁边。上车时，最好宾客从右侧门上车，主人从左侧门上车，避免从宾客座前穿过。遇宾客先上车，坐到了主人的位置上，则不必请宾客挪动位置。

（二）民间团体、一般宾客的迎送

在礼仪安排上，此类迎送具有更多的灵活性，固定程序较少，机动余地较大。在迎送方式上，不必拘泥于常规俗套，除了安排迎送、宴会外，还可以采取座谈交流、报告演讲、打球下棋、歌舞表演、吟诗作画、艺术展览等灵活多样的活动形式。

1. 对民间团体的迎送

根据宾客的身份、地位，安排对口部门、对等身份的人员前往接待。对身份、地位高的宾客，应事先在机场（车站、码头）安排贵宾休息室，准备好茶水饮料，尽可能在宾客抵达前将住宿房号和乘车号码告知来宾。也可打印好住宿、用餐、乘车安排表，在宾客达到时，发到每一位宾客的手中，或通过对方的联络人员转达。

2. 对一般宾客的迎接

如果宾客是熟人，则可不必介绍，仅上前握手、问候即可；如果宾客是首次前来，又不认识，接待人员应提前做好信息收集工作，主动上前问询，并作自我介绍；如果迎接大批宾客，可事先准备特定的标志，如小旗或迎接牌等，让宾客从远处就能看到，方便宾客前来接洽。

各项工作中需注意的事项有：（1）指派专人协助办理出（入）境及机票（车票、船票）和行李提取或托运手续等事宜。（2）宾客抵达住处后，不要马上安排活动，应给宾客稍作休整的时间。（3）整个迎送活动安排要让宾客有宾至如归的感觉，不能出现冷淡、粗心或怠慢宾客的情形。

三、会见、会谈、签字仪式礼仪

（一）会见礼仪

会见，又称接见或拜会，是国际交往中经常采用的礼宾活动形式。凡身份高的人士会见身份低的，或是主人会见宾客，这种会见，一般称为接见或召见。凡身份低的人士会见身份高的，或是宾客会见主人，一般称为拜会或拜见。拜见君主，又称谒见、觐见。我国不作上述区分，一律统称会见。接见或拜会后的回访，称回拜。

会见就其内容来说，有礼节性的、政治性的和事务性的，或兼而有之。礼节性会见时间较短，话题较为广泛。政治性会见一般涉及双边关系、国际局势等重大问题。事务性会见一般包含外交交涉、业务商谈等。

会见在国际上通常安排在会客厅、会见厅或办公室，座位按 U 字形排列，一般是主宾、主人席安排在面对正门的位置，主、宾双方分两边而坐，主人在左，宾客在右。译员、记录员坐在主人和主宾后面。主、宾双方陪同人员分别在主人、主宾一侧按身份高低就座。一排座位不够，可在后排加座。如图 6—1 所示。

（二）会谈礼仪

会谈是指双方或多方就某些重大的政治、经济、文化、军事等共同关心的问题交换意见，也可以洽谈公务，就具体业务进行谈判。一般说来，会谈的内容较为正式，政治性或专业性较强，要特别注意保密。

正式会谈中的礼宾次序讲究多边或双边平等。双边会谈通常用长方形、椭圆形或圆形桌子和扶手椅，按客方出席会谈人数的多少，将会谈长桌按横"一"字形或竖"一"字形摆放。主、宾双方相对而坐，参与会谈的其他人员则按照"右高左低"的原则，分别坐在主宾或主人的左右两侧。有时为便于沟通，按照"主随客便"的原则，主方座次对应客方安排。桌子的中线尽量与正门的中轴线对齐。桌子两侧扶手椅对称摆放，主人与主宾桌椅居中相对摆放，座椅两侧的空当应比其他座椅要宽一些。为烘托会谈的气氛，可以在会谈桌的纵中轴线上摆放鲜花，摆放要符合规范，高度应小于 35 厘米，以不挡住主宾视线为准。如图 6—2 所示。

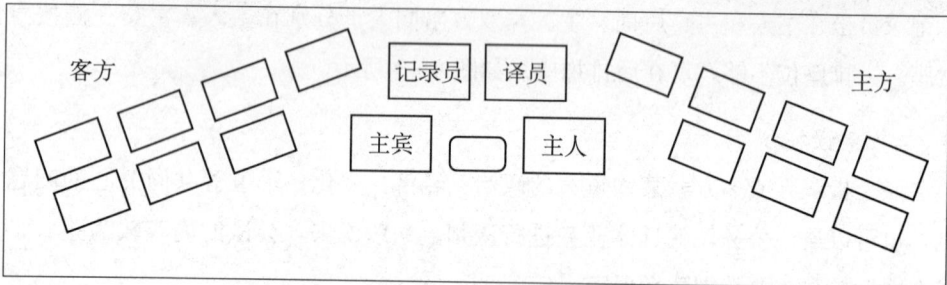

图6—1 会见座次安排

会谈长桌呈横"一"字形摆放时，主人应背门就座，宾客面门就座，如图6—3所示。若呈竖"一"字形摆放时，以进门方向为参照，宾客座位在右侧，主人座位在左侧。译员座位安排在主持会谈的主人或主宾的右侧，记录员一般安排在后侧，另行布置桌椅就座（如果参加会谈的人数较少，也可安排在会谈桌前就座），如图6—4所示。多边会谈一般采用圆桌和方桌，也可将座位摆成圆形、方形等。小范围会谈可只摆沙发或圈椅，双方座位按有桌会谈安排即可，如图6—5所示。

图6—2　会谈台型布置

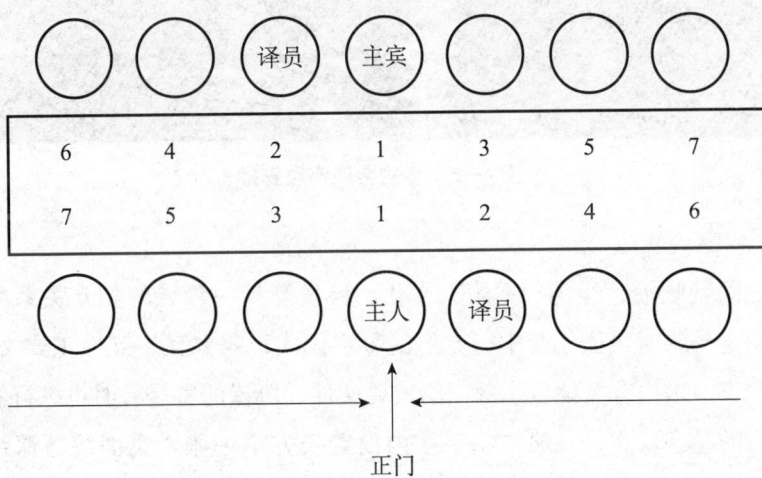

图6—3　会谈座次横"一"字形安排

169

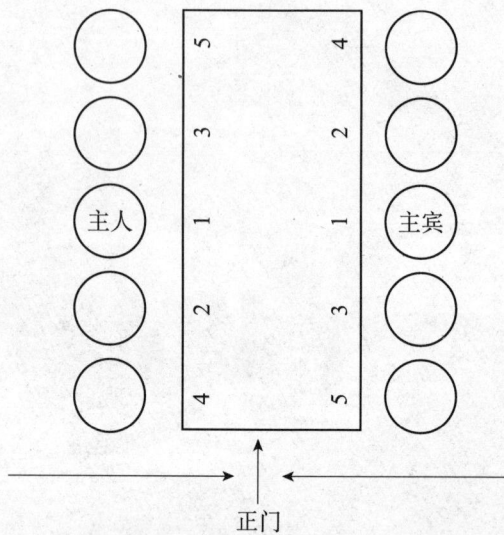

图6—4　会谈座次竖"一"字形安排

图6—5　多边会谈座次安排

(三) 签字仪式礼仪

国与国之间就政治、经济、军事、文化、科技等某一领域的相互关系所达成协议、缔结条约、协定公约时，往往会举行专门的签字仪式，双方互签互换正式文本。在我国及世界不少国家，国内有关地区、部门的重要文件、协议的签署有时也举行签字仪式。

我国举行的签字仪式，一般在签字厅内设置长方桌一张，桌面覆盖深绿色的台布，桌后放两把椅子，签字人员的座位顺序为主左客右。座上摆放的各自文本的上端放置签字用具，桌子中间摆放一个旗架，悬挂签字双方的国旗。双方参加人员进入签字厅，签字人员入座时，其他人员按身份顺序排列于各自的签字人员座位后方，双方助签人员分别站在各自签字人员外侧，协助翻揭文本，指明签字处。在本国保存的文本上签毕后，由助签人员互相传递文本，签字人员再在对方保存的文本上签字，然后由双方签字人员交换文本，相互握手。如图6—6所示。

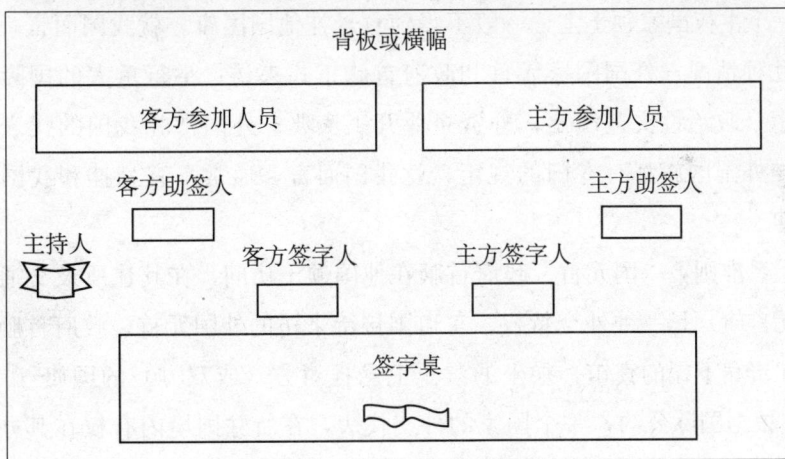

图6—6 签字仪式座次安排

　　国外的签字仪式与我国略有不同。有的国家安排的仪式设两张方桌，双方人员各坐一方，双方国旗悬挂在各自的签字桌上，参加人员坐在签字桌对面。有的国家虽然也是安排一张长方桌为签字桌，但双方参加仪式人员坐在签字桌前方两侧，双方国旗挂在签字桌的后面。如有三四个国家参加签字仪式，其签字仪式也大体如上所述，只是相应增添签字人员座位、签字用具和国旗等物。至于多边条约，通常仅设一个座位，先由公约保存国代表签字，然后由各缔约国代表依一定次序轮流在公约上签字。

（四）会见、会谈、签字仪式的相关要求

（1）准确掌握会见、会谈、签字仪式的时间、地点和参加人员的名单，及早通知有关人员和单位做好准备安排。主人应提前抵达。

（2）会见、会谈场所应安排足够的座位。如双方人数较多、厅室面积大，应安装扩音器，事先排好座位图，现场放置中外文座位卡。

（3）如有合影，应事先排好合影图，合影地点选择在会标或背景墙前，若人数众多则应准备梯架。合影图一般由主人居中，按礼宾次序，以主人右侧为上，主、客双方间隔排列，第一排常设有座席。一般来说，两端均由主方人员把边。

（4）会见、会谈招待用的饮料各国不一，我国一般只备茶水和矿泉水。若会见、会谈时间过长，可上些咖啡或红茶。

四、国旗悬挂、乘车礼仪

（一）国旗悬挂礼仪

国旗是一个国家的象征和标志，人们往往通过悬挂国旗表达对本国的热爱或对他国的尊重。在一个主权国家领土上，一般不得随意悬挂他国国旗。就我国而言，悬挂他国国旗有以下几种情况：外国国家元首和政府首脑正式来访；举行重大的国际性会议展览、体育赛事；政治性文艺演出；外资企业开工庆典；外国常驻我国的代表机构。不少国家对悬挂外国国旗都有专门的规定，就我国而言，通常不宜悬挂和我国没有建交的国家的国旗。

按国际关系准则，一国元首、政府首脑在他国领土访问，在其住所及交通工具上悬挂国旗（或元首旗）是一种外交特权。东道国接待来访的外国元首、政府首脑时，在隆重的场合，在贵宾下榻的宾馆、乘坐的汽车上悬挂对方（或双方）的国旗（或元首旗）是一种礼遇。根据国际公约，一个国家的外交代表，在所驻国境内有权在其办公处、官邸、使馆区以及交通工具上悬挂本国国旗。

悬挂双方国旗，根据"以右为尊"的礼则，两国国旗并列悬挂，以旗本身面向为准，右方为客方国旗，左方为本国国旗，与如图6—7所示的角度正好相反。汽车上挂旗，则以汽车行进方向为准，驾驶员左手为主方，右手为客方。所谓主客，不以活动举行所在国为依据，而以举办活动的主人为依据。例如：外国代表团来访，东道国举行的欢迎宴会，东道国为主人；答谢宴会，来访者是主人。也有个别国家，把本国国旗挂在上首。多边活动，则按组委会规定的礼宾次序排列，一般以国家名字的字母顺序排列居多。出于礼貌，东道国国旗一般排在最后，如图6—8所示。

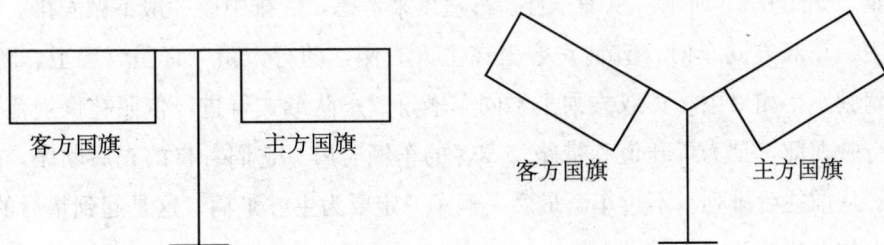

图 6—7 两国国旗并挂方式（从观众的角度）

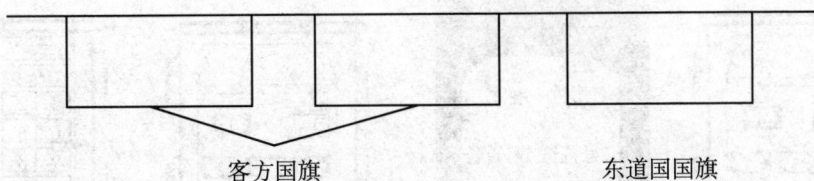

图 6—8 多国国旗并挂方式（从观众的角度）

国旗不能倒挂，一些国家的国旗由于文字和图案的原因，也不能竖挂或反挂，正式场合悬挂国旗宜以正面（即旗套在旗的右方）面向观众。如果国旗是挂在墙壁上的，应避免交叉挂法和竖挂。不同国家的国旗，如果比例不同，用同样尺寸制作，两面旗帜放在一起，就会显得大小不一。因此，并排悬挂不同比例的国旗，应将其中一面国旗略放大或缩小，以使各面国旗的面积大致相同。

（二）乘车礼仪

乘车礼仪主要是指人们在乘车时，在上、下车辆和在车上就座过程中，对于先后及尊卑次序的规范要求。

1. 座次安排

根据驾驶者的不同，车上座次尊卑排列也有区别。由专职司机驾车时，通常讲究"后排为上，前排为下，右尊左卑"的乘车原则。由主人亲自驾车时，一般遵循"前排为上，后排为下，以右为尊"的乘车原则。乘坐主人驾驶的车辆时，最重要的是不能令副驾驶座空着，一定要有人坐在副驾驶座，以示相伴，表示对主人的尊重。由先生驾驶车辆时，其夫人一般应坐在副驾驶座上；由主人驾车送其友人夫妇回家时，其友人之中的男士一定要坐在副驾驶座上，与主人相伴，而不宜陪同自己的夫人坐在后排，那是失礼之举。

一般认为，专职司机驾车时，双排五座轿车最尊贵的座位是后排与司机座位成对角线的位置，即后排右座。其余座位的尊卑次序是：后排左座，后排中座，副驾驶座。由主人驾车时，双排五座轿车的座次由尊到卑依次是：副驾驶座，后排右座，后排左座，

173

后排中座。如图6—9所示。从安全性、舒适度来考虑，后排中座一般不做安排。涉外活动中，主、宾双方同车时，宜请宾客坐在主人右侧，随行人员（译员、警卫、随从等）坐在副驾驶座。如果主、宾双方乘坐不同车辆，以车队形式行进，依照礼仪规范，主人的车应行驶在前，是为了开道和带路，宾客的车辆居后。它们各自的先后顺序，按照由尊到卑、从前往后排列。不过车队最后一辆车一定要为主方车辆，这是起到垫后的作用，防止客方的车辆掉队。

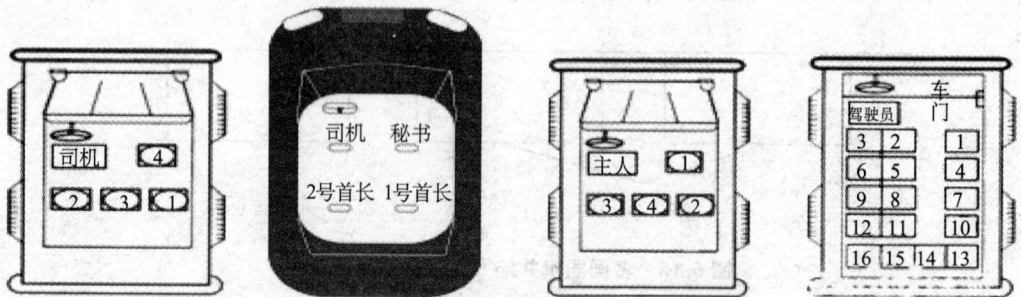

图6—9　乘车座次图

在现实生活中，不是每一个人都懂得座位的尊卑，如果不是重大、正式的礼仪性场合，对于轿车座次，不宜过分地墨守成规。如果对方所坐座位并非尊座，也没有必要纠正，嘉宾坐在哪里，哪里就是上座，遵循"主随客便"的原则。

2. 上下车顺序

按照一般礼仪规范要求，位高者、女士、宾客先上车、后下车，具体可分为以下几种情况。

（1）主人亲自驾驶。由主人亲自驾车时，出于对宾客的尊重与照顾，不论何种车型，主人最好后上车、先下车。

（2）乘坐双排座轿车。乘坐由专职司机驾驶的双排座轿车，如果分前后排，一般坐于前排者，应后上车、先下车，以便照顾坐于后排者。如果与其他人同坐于后一排，应请位高者、女士、宾客从右侧车门先上车，自己再从车后绕到左侧车门上车；下车时，则应自己先从左侧下车，再从车后绕到右侧车门，帮助对方下车。如果车停于闹市，左侧车门不宜开启，乘客都应从右侧车门上车，应当里座先上、外座后上；下车时，则应外座先下、里座后下，以方便、易行为宜。

（3）乘坐折叠座位的轿车。为了上下车方便，坐在折叠座位上的人，应当最后上车、最先下车，给别人提供方便。

（4）乘坐多排座轿车。乘坐多排座轿车时，通常应以距离车门的远近为序。上车时，距车门最远者先上，其他人随后由远及近依次上车。下车时，距车门最近者先下，其他人随后由近及远依次下车。

3. 举止礼仪

女士上车前应先背对车门，款款坐下，待坐稳后，头和身体进入车内，再将并拢的双腿一并收入车内。然后转身，面对行车正前方向，同时调整坐姿，整理衣裙。坐好后，两脚亦应靠拢。下车时应待车门打开后，转身面对车门，同时将并拢的双腿慢慢移出车外，等双脚同时落地后再缓缓将身体移出车外。男士以右后座为例，上车时首先将头和左脚伸入车内，右手扶着前排座椅背，身体往内让臀部慢慢坐下，同时缩起右脚进入车内。下车时，先将右脚伸出车外，踏至地面踩稳，左手扶着前排座椅背，右手轻扶车门边缘以支撑身体，然后移出身体，迈出左脚，慢慢起身。

接待人员应有帮助宾客上下车的意识。上车时，接待人员首先为宾客打开轿车的右侧后门，并以手臂遮挡车门上框，提醒宾客注意。等宾客坐好后，方可关门，不要夹了宾客的身体或衣物。抵达目的地时，接待人员应首先下车为宾客开车门，用手挡住车门上框，协助其下车。轿车行驶过程中，接待人员还应向宾客介绍活动安排、沿途景致，如果宾客显出疲乏之态，则不宜交谈，可让其休息一会。车内不允许吸烟、脱鞋，接待时不宜听收音机或放音乐。

礼仪故事

礼宾次序安排

1995 年 3 月在丹麦哥本哈根召开联合国社会发展世界首脑会议，出席会议的有近百位国家元首和政府首脑。3 月 11 日，与会的各国元首和政府首脑合影。照常规，应该按礼宾次序名单安排好每位元首、政府首脑所站的位置。但是，名单究竟根据什么原则排列？哪位元首、政府首脑排在最前？哪位元首、政府首脑排在最后？这项工作实际上很难做。丹麦和联合国的礼宾官员只好把丹麦首脑（东道国主人）、联合国秘书长、法国总统以及中国、德国总理等安排在第一排，而对其他国家领导人，就任其自便了。好事者事后向联合国礼宾官员"请教"，答曰："这是丹麦礼宾官员安排的。"向丹麦礼宾官员核对，答曰："根据丹麦、联合国双方协议，该项活动由联合国礼宾官员负责。"

国际交际中的礼宾次序非常重要，在国际礼仪活动中，如安排不当或不符合国际惯例，就会招致非议，甚至引起争议和交涉，影响国与国之间的关系。在安排礼宾次序时，既要做到大体上平等，又要考虑到国家关系，同时考虑到活动的性质、内容、参加活动人员的威望、资历、年龄，甚至其宗教信仰、所从事的专业以及当地风俗等。但礼宾次序不是教条，不能生搬硬套，要灵活运用、见机行事。有时由于时间紧迫，无法从容安排，只能照顾到主要人员。本例就是灵活应用礼宾次序的典型案例。

模块二　主要客源国礼仪

一、亚洲主要国家和地区礼仪习俗与禁忌

（一）中国港、澳、台地区

香港、澳门、台湾地区的居民也是我们的骨肉同胞，他们中绝大多数仍继承、保存着中华民族传统礼仪习俗，姓氏称谓、婚丧礼仪、宗教信仰、节庆风俗、饮食习惯等基本与广东、福建相似。同时，受西方文化的影响，礼仪的形式与内容呈现中西合璧之态。

1. 礼节礼貌

港、澳、台地区通行的礼节为握手礼，因有些人参禅信佛，故也有见人行合十礼和呼"阿弥陀佛"的。港、澳、台同胞在接受服务员斟酒、倒茶时行叩指礼，即把手弯曲，以指尖轻轻叩打桌面以示对人的谢意，这种礼节源于叩头礼。港、澳、台同胞一般比较勤勉、守时。与他们交往时要注意做到不能使他们觉得丢面子，与他们谈话入正题前要说些客套话，以表示对他们的热情友好和真诚欢迎。

香港人在正式场合，男士穿西装，女士穿套裙，平时穿着追求个性、时尚、飘逸。澳门人在正规场合西装革履，平时穿着随意，讲究时尚与舒适，不太穿凉鞋、雨鞋，喜欢穿球鞋、皮鞋。台湾人在正规场合，男士西装革履，女士裙裾飘飘，闲暇时喜欢穿着运动服和休闲服参与健身娱乐、饮宴应酬。

2. 饮食习惯

港、澳、台同胞的饮食习惯和内地基本相仿。许多人回内地探亲访友、旅游观光时喜欢吃家乡菜和各地传统的风味小吃。一般喜欢品尝有特色的名菜、名点，饮用龙井、

铁观音等名茶。

香港人的饮食特点是讲究菜肴鲜、嫩、爽、滑，注重菜肴的营养成分。口味喜清淡，偏爱甜味。以米为主食，也喜欢吃面食。爱吃鱼、虾、蟹等海鲜及鸡、鸭、蛋类、猪肉、牛肉、羊肉等。喜欢茭白、油菜、西红柿、黄瓜、柿子椒等新鲜蔬菜，爱吃香蕉、菠萝、西瓜、柑橘、洋桃、荔枝、龙眼等水果。偏爱煎、烧、烩、炸等烹调方法制作的菜肴。八大菜系中，最喜爱粤菜、闽菜。喜欢饮用鸡尾酒、啤酒、果酒等。

澳门人的饮食"以中为主，中葡结合"。出于传统习惯和节省时间的考虑，澳门人的早餐和午餐常用"饮茶"代替。虽说是饮茶，事实上澳门人喝茶时还搭配各类点心和粥粉面饭。澳门还有不少葡萄牙人喜爱的食品，如虾酱、喳咋（一种甜品）和牛油糕等。

台湾人在饮食上讲究清淡，喜爱甜味，与江浙一带口味相近。台湾人的饮食很杂，不具有明显特色，但追求精致与营养。台湾人非常注重宴席的氛围，虽不劝酒，但真喝起酒来还是很豪爽的。

3. 节庆习俗

香港、澳门和台湾按照中国传统，欢度农历节日，如春节、元宵节、端午节等。过节时要祭神、祭祖，其形式规矩保留传统、讲究较多。当然，由于受西方文化的影响，不少人也过西方的节日，如圣诞节、感恩节等。

4. 主要禁忌

逢年过节时，香港人习惯讲"恭喜发财"，而不愿说"新年快乐"或"节日快乐"，因为"快乐"的谐音与"快落"相似。澳门人也特别忌讳"落"字，尤其是做买卖和上了年纪的人，更不喜欢听"快落"之类的话。香港人有喜"8"厌"4"的习惯，这是因为香港人大多讲粤语，其中"8"与"发"谐音，人们为讨吉利，故特别喜欢数字"8"；而"4"与"死"谐音，因此人们尽可能避免或少用"4"这个数字，在遇到非说不可的场合，就用"两双"或"两个二"来代替。

台湾人有"送巾断根"、"送巾离根"的说法，按照习俗，办完丧事后送手巾给吊丧者作为留念，其含义是让吊丧者与死者断绝往来。因此平时切勿将手巾赠人。此外，台湾人吃饭时忌把筷子插在饭碗中央，忌用筷子敲碗；忌拔白发、拔脚毛、夜晚洗烫头发等。

（二）日本

日本古称大和，后正式定名为日本国，意为"日出之国"，是亚洲大陆东缘太平洋西北部的一个岛国。樱花是日本的国花，日本人酷爱樱花，日本在世界上享有"樱花之国"的美誉。

1. 礼节礼貌

日本人的特点是勤劳、守信，他们懂礼貌，彬彬有礼，遵守时间，工作和生活节奏快，集体荣誉感强。

鞠躬礼是日本人的传统礼节。在日常交往中，初次见面要鞠躬、脱帽、眼睛向下。鞠躬时弯腰的幅度有大有小，一般在30°～90°。但在日常生活和国际交往中，一般是互相握手问好。见面时的礼貌用语为"拜托您了"、"请多关照"等。日本人对坐姿很有讲究，在"榻榻米"上，正规的坐法叫"正座"，即双膝并拢跪地，臀部压在脚跟。较轻松的坐法是男性盘腿坐，女性横坐。日本人拜访他人时一般避开清晨、深夜及用餐时间等。在进日本式房屋时，要先脱鞋，脱下的鞋要整齐放好，鞋尖向着房门的方向。日本人注意穿着，在正式场合一般穿礼服，和服是日本传统的民族服装，多在出席隆重的社交场合或节庆日时穿着。

2. 饮食习惯

日本饮食通常称为料理，以精致、健康著称。主食以大米为主，多搭配海鲜、蔬菜，比较清淡，较少油腻。典型的日本料理有寿司、拉面、生鱼片、铁板烧、酱汤等，此外还有饭团和便当，其中以生鱼片最为著名。日本人特别喜欢喝茶，讲究"和、敬、清、寂"四规的茶道，有一整套点茶、泡茶、献茶、饮茶的具体方法。

3. 节庆习俗

日本有一些节日与中国相同，且庆祝方式也与中国近似，比如元旦、端午节、中秋节等。除此之外，日本还有自己富有民族特色的传统节日。每年1月15日是成人节，是年满20岁青年的节日，女子过成人节时都穿和服。3月3日是偶人节，也叫桃花节，是女孩的节日，凡有女孩的家庭，长辈要送给女孩小偶人。3月中旬到4月中旬是郊游赏花的樱花节，在此期间日本各地的樱花盛开，男女老少纷纷参加游园赏花活动，并饮酒跳舞，迎接春天的到来。7月1日至8月21日是登山节，此间富士山最为热闹。11月15日的七五三节是一个祭日，凡有3岁、5岁男孩和3岁、7岁女孩的人家，一定让孩子身着和服到神社参拜，求神灵保佑孩子健康成长。最隆重的节日是过年，一般从12月13日就开始准备，到次年的2月8日结束，期间要吃年糕、拜年、祭年神、挂年绳，也有给孩子压岁钱的习惯。

4. 主要禁忌

日本人在日常行为中有许多讲究：高声说话、定睛凝视他人、手插在衣袋里以及用手指人，都会被认为是对人不恭敬；在交换名片时，忌讳从后裤兜掏出名片或将名片装入后裤兜；忌三人并排合影，认为被夹在中间者会遭遇不幸；避免寄信时倒贴邮票，因为它暗示断交。到日本人家中做客应预约在先，非请勿进，非请勿坐；忌讳窥视卧室，不得翻弄除书报以外的东西；忌讳在众人面前接吻、拥抱。在颜色方面，不喜欢紫色，认为它代表悲伤；最忌讳绿色，认为它是不祥之色；忌讳带有荷花的图案，因为荷花为祭奠用花；一般人不能使用菊花图案，因为菊花为皇室专用。在数字方面，日本人最忌讳"4"和"42"，因为"4"与"死"发音相同，"42"的发音是"死"的动词，因此房号、车号、礼品数应尽量避免用"4"开头或结尾；"9"和"6"也是不受欢迎的数字，"9"与"苦"同音，"6"是"强盗"的标记；"13"也是应当回避的数字。梳子不能单独送，因为日语中"梳子"和"苦死"谐音。

（三）韩国

韩国也称大韩民国，古称高丽，位于朝鲜半岛的南部。20 世纪后期，韩国一跃成为实现经济腾飞的代表国家，声扬四海。热情好客的民族特性、美丽的自然景观与璀璨的文化遗产，都是韩国的珍贵财富。

1. 礼节礼貌

韩国人初次见面时，常以交换名片的方式来相识。若与长辈握手，要以左手轻置于其右手之上，躬身相握，以示恭敬。韩国人深受儒教的影响，有重男轻女的传统，聚会致辞以"先生们、女士们"开头；出门、上车时女性要让男性先行。宴会上主人非常热情，敬菜要敬三次，对主人的第一、二次敬菜宜推让，第三次才接受。韩国人喜欢互相斟酒，喝交杯酒；女性要给男性斟酒，而不给其他女性斟酒；拒喝主人所斟之酒是不礼貌的。用餐时不可先于长者动筷子。男性见面可打招呼，相互行鞠躬礼并握手；女性见面通常不握手，只行鞠躬礼。如果应邀去韩国人家里做客，按习惯要带一束鲜花或一份小礼物，用双手奉上，受赠者不能当面把礼物打开。进入室内时，要将鞋子脱掉，留在门口。

2. 节庆习俗

韩国的节日与我国传统节日非常相似，如春节、清明节、端午节和中秋节等。正月初一过春节，全家人团聚在一起守岁迎新年。正月十五上元节，人人都要喝"耳明酒"、吃"药饭"（在米饭里加枣、蜜、栗子）等。五月初五端午节，女性要用菖蒲煎水洗头，用菖蒲根削成发簪将盘起的头发别在脑后，并刻上"福"、"寿"二字以驱邪避祸。八月十五中秋节，白天要到祖坟上祭奠，晚上家人共赏明月。

3. 饮食习惯

韩国人以米饭为主食，菜肴以炖、煮、烤为主。韩国人不喜欢吃甜酸味的热菜，偏爱凉辣，饮食清淡；喜欢各种鱼类，包括生拌鱼肉、鱼虾酱；喜食牛肉、鸡肉，尤其是狗肉，不太喜欢羊肉；最喜欢凉拌蔬菜和泡菜，爱食汤饭。汤是韩国人每餐必不可少的，他们爱喝清汤、酱汤和海带汤，有时汤中要放肉类或海鲜，简单时放些油、加点豆芽即可。韩国男人以好酒著称。

4. 主要禁忌

韩国人迷信生辰八字，夫妻双方的生辰八字不能相克；数字上喜单不喜双，但婚期要择双日；忌讳数字"4"，因为韩语中的"4"与"死"同音，不吉利。许多楼房的编号严禁出现"4"，医院、军队绝对不用"4"来编号。交接东西要用右手，认为"右尊左卑"。逢年过节忌讳讲不吉利的话，更不能生气吵架。忌到别人家剪指甲，吃饭时忌戴帽子，不宜把盘中的菜吃得精光。未征得同意，不能在长辈、上级面前抽烟。交谈中不宜询问男主人妻子的情况。

（四）泰国

泰国位于中南半岛中部，正式名称是泰王国，自称孟泰，泰语中"孟"是国家的意思，"泰"是自由的意思，因此"泰国"即自由之国。佛教是泰国的国教，全国人口的90%以上信奉佛教。男子年满20岁后，都要出家一次，必须经过三个月至一年的僧侣生活，国王也不例外。泰国盛产大象，尤以白象寓意吉祥，人们敬之如神，故泰国又有"白象国"之称。

1. 礼节礼貌

泰国人热情友好，总是以微笑迎客，故有"微笑土地"的名誉。见面行合十礼，双手举的高度不同，其意义不同：双手举得越高表示越尊敬对方；晚辈见长辈，要双手合十举过前额，长辈还礼双手可不过胸；朋友相见，一般合十于鼻尖处，稍稍低头。泰国人也行跪拜礼，但要在特定场合，如平民、官员甚至总理拜见国王及其近亲时要跪拜；泰国人不分身份、地位的高低，拜见高僧也需下跪，即便此人是自己的儿子，父母也要跪拜于地。握手礼只在政府官员、学者和知识分子中盛行，男女之间不行握手礼。泰国人进庙烧香拜佛时脱帽、脱鞋，以示对神佛的尊敬。进入寺庙要穿戴整齐，背心、短裤或袒胸露背者是严禁入内的。如有长辈在座，晚辈只能坐在地上或蹲跪，以免高于长辈的头部。

2. 饮食习惯

泰国人的主食为稻米，副食主要是鱼和蔬菜。早餐多吃西餐，午餐和晚餐爱吃中餐。泰国人爱吃中国的广东菜和四川菜，喜欢酸辣口味，而且越辣越好；喜欢在菜肴内添加鱼露、味精，不爱吃牛肉及红烧食物。泰国人爱喝啤酒、苏打水和白兰地。喝咖啡和红茶时，爱吃小蛋糕和干点心。

3. 节庆习俗

泰国的传统节日主要有宋干节、华人春节、万佛节、水灯节等。宋干节是泰国的新年，时间为公历 4 月 13 日至 15 日，宋干节有求雨、祈丰收的意义。节日里有很多活动，如浴佛、堆沙、泼水等，其中浴佛最为隆重，泼水最为热闹。万佛节是农历 3 月 15 日，善男信女要在清晨到佛寺施斋拜佛。水灯节在泰历 12 月 15 日，晚上在河里放河灯，场面非常壮美，节日期间还要进行选美比赛，优胜者冠以"水灯皇后"之称。

4. 主要禁忌

别人坐着时切忌将物品越过其头顶，因为泰国人非常重视头部，认为头是慧之所在，神圣不可侵犯，所以不可随便触摸小孩子的头部。泰国人认为左手不干净，行握手礼或接递东西时都要使用右手。忌讳睡觉时头朝西，因为日落西方象征死亡。忌用脚把东西踢给别人，也忌用脚踢门。女性就座时双腿要并拢，否则被视为没有教养。不要随便踩踏泰国人的门槛，因为他们认为门槛下住着善神。泰国人认为夜间不能开窗户，否则恶神会闯入屋内。

（五）马来西亚

马来西亚位于东南亚，介于太平洋、印度洋之间，国土被南海分隔成东、西两部分。马来西亚是一个多民族的国家，各民族都保留着许多独特的文化习俗，国教为伊斯兰教。

1. 礼节礼貌

去马来人家中做客应注意举止得体，尊重长者。如果双方都是穆斯林，主、宾双方应用伊斯兰教特定的问候语打招呼，进门时除非得到主人的许可，宾客必须把鞋脱在门口或楼梯口。进屋后，双方互相问候和握手，握手时双手仅仅触摸一下，然后把手放到额前，以示诚心。对年长者不能直接称呼"你"，而应称呼"先生"、"夫人"或"女士"。如果席地而坐，男子最好盘腿，女子则要跪坐，不得伸直腿，上了年纪的女性可以像男人一样盘腿而坐。黄昏时登门拜访是不受欢迎的，因为这时穆斯林都要做祷告，晚上拜访通常应在 20:30 以后。马来西亚并不禁止一夫多妻，所以不要随便闲谈他人的家务事。

2. 饮食习惯

马来人用餐时习惯用手取食，因此在用餐前须把手洗干净。进餐时必须用右手，否则会被视为不礼貌。如不得已需使用左手用餐或取餐具，应先向他人道歉。用餐时一般不坐在椅子上，而是把食物放在席子上，围坐而食。伊斯兰教信徒禁酒，招待宾客一般不用酒，饮料多为热茶、白开水或椰汁。马来人有咀嚼槟榔的习惯，宾客来访，主人除了热情招呼外，最先向宾客表示殷勤和诚意的礼节就是奉上槟榔盘，请宾客共嚼槟榔。

3. 节庆习俗

马来西亚有许多节日，据不完全统计，节日和庆典约有上百个，其中政府规定的节日有十个左右。开斋节：斋月过后的第一天，是马来人的春节，也是全国最重要的节日。当天，人们相互登门拜访，家家户户都会准备丰富的糕点招待来访的宾客。大宝森节：从1月下旬到2月初，是印度教徒对印度神穆卢干王举行的奉献礼，每个信徒都带着枷锁（一种雕工精细的木框，上面有尖刺与钩子、鲜花及水果）向印度神许愿。国庆节：又名"独立节"，公历8月31日，在首都会举行盛大的庆祝游行活动和文艺演出，学生们可以免费看电影。马来西亚节：每年9月，举行为期两周的庆祝活动，目的是对马来西亚传统文化如手工艺品和美食的欣赏及文化意识的复兴。

4. 主要禁忌

在马来西亚，除皇室成员外，一般不穿黄色衣饰；不得穿短裤、短裙进入清真寺。忌讳摸头，当地人认为摸头是对人的侵犯和侮辱；通常男士不主动与女士握手；握手、打招呼或馈赠礼品时，千万不可用左手。在和马来西亚人交谈时，不要把双手贴在臀部，因为这种方式表示发怒；习惯用右手抓饭进食，只有在西式的宴会上，才使用刀叉和勺子；喜好辣食，信奉伊斯兰教的人忌食猪肉，不饮烈性酒，即便在正式场合也不敬酒。

（六）印度

印度是南亚次大陆的大国，其人口数量居世界第二位。印度国旗中央的法轮称为神圣的"阿育王法轮"，象征真理与道德，代表印度古老的文明。国花为荷花。印度人自称"婆罗多"，意为"月亮"。

1. 礼节礼貌

印度人相见或分别时，有时握手，有时也用传统合十礼。到印度的寺庙或居民住宅，进门要脱鞋。晚辈对长辈的行礼方式是弯腰摸长者的脚；妻子送丈夫出门，最高的礼节是摸脚跟和吻脚。迎接贵宾时，主人献上花环，套在宾客的颈上，花环的大小视宾客身份而定。印度人在交谈时，用摇头或歪头表示"是"，点头表示"不是"。许多印度女性在额部靠近两眉中间涂饰一个彩色的圆点，印度人称之为"贡姆贡姆"，即为"吉祥点"。在印度教里，"吉祥点"表示女子的婚嫁状况，而现今已成为印度女性美容化妆的一部分，其颜色以红色居多，亦有黄、绿、紫等色，视衣着和肤色而定。

2. 饮食习惯

印度人以米饭为主食，在做饭的时候喜欢加入各种香料，尤其是辛辣类香料，如咖喱粉等。印度人食素的特别多，且社会地位越高的人越忌荤腥。红茶是他们主要的饮料，在喝茶时，往往将其斟入盘子，用舌头舔饮。

3. 节庆习俗

印度的节庆很多。独立日在公历 8 月 15 日，庆祝印度实现国家独立。洒红节也称泼水节，在印历 12 月举行。众多节日中以屠妖节最为隆重，它是印历的新年，大约在公历 10 月下旬或 11 月上旬。

4. 主要禁忌

印度人把牛作为神圣之物，认为牛的乳汁抚育了孩童，牛耕种土地养育了成人，所以印度人不仅忌食牛肉，而且忌用牛皮做的东西。在印度，蛇也被认为是神圣的，视杀蛇为触犯神灵。印度人忌用澡盆给孩子洗澡，认为盆中之水是"死水"。印度人不喜欢别人拿他们的照片，除非他们自愿。印度教徒忌讳众人在同一盘中进食，也不吃别人接触过的食物。忌用左手握手和递取东西，忌讳在上了年纪的印度人面前吸烟。

二、欧洲主要国家和地区礼仪习俗与禁忌

（一）英国

英国位于欧洲西北部，是世界上工业革命开展得最早的国家。英国旅游业相当发达，是我国主要的客源国之一。在英国，80%以上的居民是英格兰人，多数居民信奉基督教，国歌为《天佑女王》，国花为蔷薇花。

1. 礼节礼貌

英国人矜持、守礼，十分重视个人教养，男士追求绅士风度，女士向往淑女形象，社交中处处表现出"女士优先"的原则。初次见面，人们一般握手问好，不行拥抱礼，男士进屋要脱帽向主人致意。英国人习惯低声讲话，"请"、"谢谢"、"请原谅"、"您好"、"再见"等礼貌用语常挂嘴边。上了年纪的英国人喜欢别人称呼其世袭的爵位或荣誉头衔，至少郑重其事地称之为"阁下"或"先生"、"小姐"、"夫人"。在正式场合，英国人穿着十分庄重而保守，不轻易逾越传统。英国男子讲究天天刮脸，留胡须者往往令人反感。

2. 饮食习惯

英国人用餐十分讲究。通常一日四餐：早餐、午餐、下午茶和晚餐。早餐爱喝麦片粥，还有咸肉、鸡蛋、面包、果酱等。午餐通常在下午 1 点左右，有各种熟肉、沙拉、面包、饼干、干酪、黄油等。晚餐常作为正餐，有汤、鱼、肉类、蔬菜、布丁、黄油、甜食、水果以及各种酒和咖啡。英国人进餐时爱喝啤酒、葡萄酒、香槟酒，还喜欢饮威士忌等烈性酒。英国人爱喝茶，早晨要喝"被窝茶"、午后要喝"下午茶"、晚餐后要喝

"晚饭茶"，一般以红茶为主。

3. 节庆习俗

在英国，国庆和新年最热闹。跨年之夜，全家团聚庆祝新年，举杯畅饮，欢快地唱《辞岁歌》。餐后必须瓶中留酒、盘中留肉，象征来年富裕有余。在苏格兰，人们会拿着一块煤炭去拜年，把煤块放在亲友家的炉子里，并说一些吉利话。

4. 主要禁忌

英国人普遍忌讳数字"13"，所以请客时总是避免宾主共 13 人，重要的活动也不安排在 13 日，饭店一律没有 13 号房间。他们还忌讳数字"3"，忌讳用打火机或同一根火柴同时为 3 个人点烟。英国人认为"星期五"是个不吉祥的日子，如果星期五又恰逢 13 日，会被称为"黑色星期五"。在相聚时，英国人忌交叉握手，忌架起二郎腿；站立交谈时，不可背手或将手插在口袋里。英国人忌讳弄撒食盐，认为这样表示要与朋友断交；吃饭时忌刀叉碰响水杯；忌用人像作商品装饰图案；忌用大象图案，认为大象是蠢笨的象征；把孔雀看作淫鸟、祸鸟；忌送百合花，认为百合花意味着死亡。

（二）法国

法国位于欧洲西部，是世界闻名的"奶酪之国"、"浪漫之都"，首都巴黎享有"世界花都"之美誉，旅游资源十分丰富。居民多数信奉天主教。国歌为《马赛曲》，国花为鸢尾花。

1. 礼节礼貌

法国人见面礼节有握手、亲吻、拥抱三种方式，初次见面一般行握手礼，并互致问候。法国人性格开朗、直率，谈吐风趣，待人热情，乐观向上。法国人讲究衣着，出入社交场合时都打扮得十分正式。法国巴黎的女子，被认为是世界上最爱美的女性，早、中、晚的服饰都有变化，连妆容也有早、中、晚之分。法国人的时间观念很强，人们在出席宴会、参加重大活动时不迟到，也绝不提前，一般都准时到达。应邀到法国人家中做客时，可以送上几束不加捆扎的鲜花，但不要选择菊花。

2. 饮食习惯

法国菜是世界三大菜系之一，法国大餐被誉为"欧洲之冠"。法国人喜食蜗牛、蛙腿、牡蛎、鹅肝、奶酪等食品。兔肉、各种肉肠和猪血汤、海鲜品、鱼类、水果也是法国人的最爱。法国还是名酒白兰地、香槟的故乡，红酒等酿酒业闻名遐迩，法国人有"饮酒冠军"的美称。法国人喜欢喝咖啡，一般下午四五点或晚餐后喝咖啡。在诸多的饮料中，法国人还非常喜欢喝矿泉水，视矿泉水为生命之水。

3. 节庆习俗

法国最隆重热闹的节日是1月1日的元旦，这天，亲友们团聚一起，互赠礼品，共贺新年。跨年之夜，法国人有喝光家中存酒的传统，如有剩酒，视为来年将交厄运。每年2月2日是法国的圣蜡节，这既是一个宗教节日，也是美食节，最受欢迎的食物是鸡蛋饼。4月1日的愚人节，最早就起源于法国。7月14日是法国国庆节，节日当天，巴黎香榭丽舍大道上会举行盛大的阅兵仪式和焰火晚会。

4. 主要禁忌

法国人忌送水仙，认为水仙代表"无情"；红色或黄色的花都被视为不吉利的，黄色的花还含有不忠诚的意思。法国人忌讳灰绿色，因为这是希特勒法西斯侵略军所穿军服的颜色，也不喜欢紫色，偏爱天蓝色和淡蓝色。对于数字，法国人不喜欢"13"，认为不吉祥；但认为"3"代表神圣、幸运、吉祥。法国人忌吃狗肉和杀狗，认为杀狗会遭七年厄运。忌仙鹤图案，认为它是蠢汉和淫妇的象征。

（三）德国

德国位于欧洲中部，居民多是德意志人，其中一半是基督徒。德国旅游业十分红火，有"啤酒之国"的美称。国歌为《德意志之歌》，国花为矢车菊。

1. 礼节礼貌

德国人待人接物严谨矜持，态度诚恳坦率。称呼德国人时不要直呼其名，应在称呼前加上头衔。德国人重视人情往来，看重礼节。初次见面，一般不需要送礼物；第二次见面时，必须送礼物，否则会被认为是失礼。做客时一般要带点小礼物给主人，鲜花、红酒、点心或巧克力是常选之物。对于宾客的礼物，主人不仅要收下，而且要表示谢意和高兴，绝不能推迟或拒收。德国人注重服饰礼仪，出席各种社交场合时，男士穿着礼服，女士穿着长裙。

2. 饮食习惯

香肠、火腿和面包是德国人离不开的基本食品，德国人一般把午餐看作正餐，午餐主食是面包、蛋糕、面条、米饭，副食为土豆、鸡鸭、瘦猪肉等。晚餐以吃冷餐为主。德国菜肴偏清淡、酸甜，少有肥腻、辛辣的食品，很多德国人都不喜欢吃羊肉以及鱼类等海味食品。德国人爱喝酒，而且讲究与菜肴的搭配，德国人喝啤酒堪称海量，人均啤酒消费量居世界第一。

3. 节庆习俗

1月1日是德国新年，有举行攀木头比赛的传统，谁攀得快谁就是"新年英雄"。

185

"慕尼黑啤酒节"举世闻名,从 9 月的最后一周至 10 月的第一周,持续半个月,节日期间人人举杯开怀畅饮。基尔帆船周始于 100 多年前,初为帆船节,后来增加了各种文艺活动,现已成为国际性的活动周。

4. 主要禁忌

德国人忌送玫瑰花,而蔷薇、菊花只能在特定场合送。对于颜色,德国人忌茶色、红色、深蓝色。德国人对礼品包装很讲究,忌用白色、黑色、咖啡色的包装纸,更不能用丝带作装饰。德国人忌讳在宴会上谈生意,因为商业机密是不宜在公共场合探讨的。德国人一般认为黑猫、公羊、仙鹤、孔雀等动物是不吉利的,所以送礼品要避免这类图案。

(四)俄罗斯

俄罗斯是世界上面积最大的国家,地跨欧、亚两个大洲,国教是东正教,地理位置涉及寒带、亚寒带和温带三个气候带。国歌为《俄罗斯,我们神圣的祖国》,国花为向日葵。

1. 礼节礼貌

俄罗斯人性格开朗、豪放,见面和告别时行握手礼,熟人之间还行拥抱礼、亲吻礼,特别是亲朋好友,要在脸颊上按左、右、左的顺序连吻三下。俄罗斯人十分好客,有向宾客敬献盐和面包的习俗。俄罗斯人重视礼仪,出席正式场合,如参加舞会、听音乐会、看歌剧时,男士西装革履,女士则穿上自己最好的衣服。俄罗斯人酷爱鲜花,做客时可以送鲜花给主人。

2. 饮食习惯

俄罗斯人以西餐为主,主食为面包,尤喜黑面包;土豆也是俄罗斯人最喜欢的食物之一。俄罗斯人爱吃带酸味的食品,汤、面包、牛奶要吃酸的,口味较咸,较为油腻。俄罗斯人偏爱牛、羊肉,喜生冷食物,白菜、洋葱、西红柿、萝卜、黄瓜、葛芭、生菜等多制成沙拉或布丁。俄罗斯人酷爱饮酒,尤其是伏特加酒;平时多饮红茶,且加奶加糖。

3. 节庆习俗

俄罗斯许多节日都与宗教有关,如圣诞节、洗礼节、圣灵降临节、谢肉节、清明节等。圣诞节是俄罗斯最热闹的节日,男人们通宵饮伏特加酒。当电视广播里传出克里姆林宫的 12 下钟声后,男女老少互祝新年快乐。洗礼节是东正教节日,为 1 月 19 日,这一天往往举行入教仪式。1 月 18 日是占卜日,女孩子在这一天晚上要占卜自己的终身大事。

4. 主要禁忌

俄罗斯人忌讳打碎镜子，因为这意味着灵魂的毁灭，生活将遭遇不幸。而打碎杯子和碗，特别是盘子和碟子，则意味着富贵和幸福。对于数字，俄罗斯人忌讳"13"和"666"。俄罗斯人赠送鲜花时喜欢选择单数。俄罗斯人有左手主凶的观念，所以握手、递送物品时不可伸出左手，甚至上班、出门离家时，最好也不要左脚先迈出门。

（五）西班牙

西班牙位于欧洲西南部，拥有十分优越的旅游资源，有"旅游王国"的美誉。近代史上，西班牙是一个重要的文化发源地，是文艺复兴时期欧洲最强大的国家。90%以上的居民信奉天主教，国歌为《皇家进行曲》，国花为石榴花。

1. 礼节礼貌

受拉丁文化的影响，西班牙人在待人接物方面大都显得性格开朗、热情奔放、诚实爽快、淳朴豁达。如行见面礼时，男士之间通常要相互搂抱对方的肩膀；女士之间则不仅要相互拥抱，而且要互吻对方的双颊。只有在官方活动中，西班牙人才行握手礼。西班牙人认为本国的语言是世界上最优美、最重要的语言，因此与西班牙人交往时，会讲西班牙语会大受对方的欢迎，得到特殊关照。在公务或商务活动中，西班牙人讲究互换名片，假如对方递上名片，不回敬是极其失礼的。西班牙人十分健谈，因而聊天成了西班牙人与朋友相处时的主要活动方式和休息方式。西班牙人的时间观念不太强，因为他们的生活十分清闲。

2. 饮食习惯

西班牙人对于吃喝极其讲究，日常饮食以面食为主，爱吃鱼肉、羊肉、牛肉、猪肉以及虾、蟹，对于猪的内脏也能接受。西班牙人不爱吃油腻、过咸的菜肴，酸辣、鲜嫩的菜肴大受欢迎，喝汤时一定要喝冷汤。酒水方面，西班牙人爱喝矿泉水、咖啡、啤酒和葡萄酒。西班牙人通常以午餐作为正餐，而早餐与晚餐则较为简单。吃午餐时，西班牙人往往要全家人聚在一起，因此西班牙的大部分机关单位 13:30—16:30 为午休时间，停止办公或营业，专供人们回家聚餐。

3. 节庆习俗

西班牙以节日之多而出名，绝大多数的节庆活动都带有浓重的宗教色彩。1月1日是西班牙新年，西班牙人在跨年之夜要喝蒜瓣汤，并在新年钟声敲响时每人吃上12粒葡萄，以祈求来年遂心如愿，预祝自己在新的一年12个月里，月月诸事顺利。1月6日"三王节"是传说中东方三王向圣婴耶稣献礼的日子，这一天父母要向未成年子女赠送礼品，为了迎接节日的到来，政府前一天会组织盛大的彩车游行。7月6日至14日的奔牛节的正式名称是圣费尔明节，奔牛节的起源与西班牙斗牛传统有关。10 月 12 日是西班牙国庆节。

4. 主要禁忌

不能送西班牙人菊花或大丽花，因为两者被视为死亡的化身。在数字方面，西班牙人非常忌讳"13"、"666"与"星期五"，他们认为碰上这类数字或日期，往往会使灾难或厄运临头。他们也不喜欢山水、亭台和楼阁。与西班牙人交谈，不宜非议天主教和斗牛活动，不宜涉及其国内的政治纠纷、恐怖主义活动和民族问题。元旦当日，西班牙人认为小孩子打架、骂人或者啼哭，都是不祥的预兆。

三、美洲、大洋洲、非洲主要国家和地区礼仪习俗与禁忌

（一）美国

美国全称为美利坚合众国，国土横跨整个北美洲大陆，面积仅次于俄罗斯、加拿大和中国，排名世界第四。美国是一个多元文化和多民族的国家，以白人为主，有大量移民，被誉为"民族熔炉"。国歌为《星条旗永不落》，国花为玫瑰花。

1. 礼节礼貌

见面时，美国人一般行点头礼、微笑礼，或者只向对方说一声"嗨"（你好）；非正式场合，美国人甚至连国际上最为通行的握手礼也略去不用；非亲朋好友间，一般不主动与对方亲吻、拥抱。在称呼别人时，美国人喜欢交往对象直呼其名，以示双方关系密切；非官方的正式交往，美国人一般不喜欢称呼官衔或是以"阁下"相称；对于能反映其成就与地位的学衔、职称，如"博士"、"教授"、"律师"、"法官"、"医生"等，他们乐于用于称呼。美国人穿着崇尚自然，偏爱宽松，体现个性。到美国人家中拜访时，进门要脱下帽子和外套。女士不宜穿黑色皮裙，不能随便在男士面前脱鞋或者撩动裙子的下摆。

2. 饮食习惯

一般情况下，美国人以肉类为主食，最爱牛肉，鸡肉、鱼肉、火鸡肉亦受欢迎。美国人喜食"生"、"冷"、"淡"的食物，不刻意讲究形式与排场，强调营养搭配。不吃狗肉、猫肉、蛇肉、鸽子肉，动物的头、爪、内脏，以及生蒜、韭菜、皮蛋等。美国人的饮食日趋简便与快捷，热狗、炸鸡、薯条、三明治、汉堡包、面包圈、比萨饼、冰淇淋等，老少皆宜，是其平日餐桌的主角。爱喝的饮料有冰水、矿泉水、红茶、咖啡、可乐与葡萄酒，新鲜的牛奶、果汁也是他们每日必饮之物。

3. 节庆习俗

美国的节日比较多。2月14日为情人节，在这一天，恋人之间要互赠卡片和鲜花。5月的第二个星期日为母亲节，6月的第三个星期日为父亲节，都是美国的法定节日。7月4日为美国独立日，即美国的国庆节。11月的第四个星期四是感恩节，也叫火鸡节，是美国特有的节日，这一天也是家人团聚、亲朋欢聚的日子，还要进行化装游行、劳作比赛、体育比赛、戏剧表演等活动。12月25日为圣诞节，是美国最盛大的节日，平安夜全城通宵欢庆，教徒们跟随教堂唱诗班挨家挨户唱圣诞颂歌，装饰圣诞树，吃圣诞蛋糕。

4. 主要禁忌

蝙蝠被美国人视为吸血鬼与凶神。美国人忌讳黑色，最讨厌的数字是"13"和"3"，不喜欢星期五。忌讳在公共场合或他人面前下蹲或是双腿叉开而坐。忌用下列体态语：盯视他人，冲别人伸舌头，用食指指点交往对象，用食指横在喉头前。不宜送给美国人的礼品有香烟、香水、内衣、药品和广告用品。跟美国人相处，与之保持适当的距离是必要的，不得侵入其私人空间。忌讳他人打探个人隐私，询问收入、年龄、婚恋、健康状况、籍贯、住址、种族等，这是不礼貌的。美国人大都认定"胖人穷，瘦人富"，所以他们不喜欢听别人说自己"长胖了"。与美国黑人交谈时，既要少提"黑"这个词，又不能打听对方的祖居之地。

（二）加拿大

加拿大在北美洲，位于美国北部，是全世界面积第二大的国家，多个城市被评为世界最适宜居住的地方。加拿大人喜欢现代艺术，酷爱体育运动，尤其是冬季冰雪运动。枫树是加拿大的国树，加拿大素有"枫叶之国"的美誉。国歌为《啊！加拿大》，国花为枫叶。

1. 礼节礼貌

关系普通者一般将握手致意作为见面礼节；亲友、熟人、恋人或夫妻之间以拥抱或亲吻作为见面礼节，分别时也行握手礼。与加拿大人交往时，只有在正式场合，才会连名带姓一并称呼，并且冠以"先生"、"小姐"、"夫人"之类的尊称；一般场合，加拿大人喜欢直呼其名，而略去其姓，父子之间互称其名是常见之事；对于交往对象的头衔、学位、职务，只有在官方活动中才会使用。加拿大人着装以欧式为主，上班时一般穿着西服、套裙；参加社交活动时，往往穿礼服或时装；在休闲场合，穿着讲究舒适自由；每逢节假日，尤其是传统节日，大都有穿着民族服装的习惯。枫叶被加拿大人视为友谊的象征，常用不同形状的枫叶作为纪念品赠送友人。

2. 饮食习惯

加拿大人对法式菜肴较为偏爱，并以面包、牛肉、鸡肉、鸡蛋、土豆、西红柿等物作为日常之食。加拿大人口味比较清淡，爱吃酸甜之物。在烹制菜肴时极少直接加入调料，而是惯于将调味品放在餐桌上，由用餐者各取所需、自行添加。从总体上讲，加拿大人以食肉为主，特别爱吃奶酪和黄油。加拿大人特别爱吃烤制的食品，有餐后吃水果的习惯。在饮品方面，他们喜欢咖啡、红茶、牛奶、果汁、矿泉水，爱喝清汤、麦片粥。他们忌食肥肉、动物内脏、腐乳、虾酱、鱼露，以及其他一切带有腥味、怪味的食物，不太喜欢吃动物的脚爪和偏辣的菜肴。加拿大人一日三餐中最重视的是晚餐。

3. 节庆习俗

1月1日元旦，加拿大人将瑞雪作为吉祥的征兆，有些地方的居民在新年期间，不但不铲平阻塞交通的积雪，还将雪堆积在住宅四周，筑成雪岭，认为这样可以防止妖魔鬼怪的入侵。冬季狂欢节从每年2月的第一个周末起，为期10天，狂欢节规模盛大，活动内容丰富多彩。加拿大盛产枫树，每年三四月间的枫糖节，国内几千个生产枫糖的农场装饰一新，披上节日的盛装，吸引了无数的旅游者。7月1日是加拿大国庆节。

4. 主要禁忌

白色的百合花主要用于悼念死者，因其与死亡相关，所以绝对不可以将其作为礼物送给加拿大人。"13"被视为"厄运"数字，"星期五"则是灾难的象征，加拿大人深感忌讳。按照传统习俗，打破玻璃、请人吃饭时将盐撒了、从梯子底下经过，都是不吉利的事情，应避免发生。与加拿大人交谈时，不要插嘴打断对方或强词夺理；需要指示方向或介绍某人时，忌讳用食指指点，而是代之以五指并拢、掌心向上的手势；与加拿大土著居民交往时，不宜将其称为"印第安人"或"爱斯基摩人"。

（三）澳大利亚

澳大利亚是世界上唯一一个独占整个大陆的国家，四面环海，拥有很多特有的动植物和自然景观。澳大利亚是一个移民国家，奉行多元文化，大多数居民信奉基督教。国歌为《澳大利亚，前进》，国花为金合欢花。

1. 礼节礼貌

澳大利亚的社交礼俗亦英亦美，但以英为主，人情味浓。见面时习惯握手问好，且握手时非常热烈，彼此称呼名字。关系亲密的男性相见时，可拍拍对方的后背；女性密友相逢时，通常行亲吻礼。除此之外，见面时还行拥抱礼、合十礼、鞠躬礼、拱手礼。土著居民见面行勾手礼。澳大利亚人谦恭随和，乐于同他人交往，礼貌用语不绝于耳，口头上的礼节既文雅又繁复，即使不相识的人走过，也会点头示意或打招呼；喜欢请别人到家中做客，重视礼尚往来，到别人家做客后，一定会致电或写信表示感谢；遵守时间并珍惜时间，崇尚自信、自强。

2. 饮食习惯

澳大利亚人的饮食习惯与英国相差不多，喜欢英式西餐，口味清淡，不喜油腻，忌食辣味，不少澳大利亚人不吃酸味的食物。大部分澳大利亚人爱吃牛、羊肉，喜爱吃新鲜蔬菜和水果，以及煎蛋、炒蛋、火腿、鱼、虾等。澳大利亚人一般不吃狗肉、猫肉、蛇肉，不吃动物的头、爪和内脏，厌恶添加了味精的食物。澳大利亚人对中餐很感兴趣，喜爱中国的淮扬菜、浙菜、沪菜和京菜。不论吃西餐还是中餐，澳大利亚人习惯将调味品放在餐桌上自行调味。澳大利亚人爱喝的饮料是牛奶、咖啡、啤酒和矿泉水等，也喜欢红茶、花茶等。

3. 节庆习俗

澳大利亚主要有圣诞节、国庆日、退伍军人节和节礼日等节日。1月26日是澳大利亚的国庆日。4月25日为退伍军人节，为纪念在第一次世界大战中死难的官兵。12月25日为圣诞节，正值澳大利亚的盛夏季节，商店橱窗里的冰雪装饰物、圣诞老人和夏季的流光溢彩，成为澳大利亚圣诞节的特色。12月26日为节礼日，当天人们常常赠送礼物给辛勤奔波的邮递员。

4. 主要禁忌

澳大利亚人忌讳兔子及兔子图案，认为碰到了兔子可能是厄运将临的预兆；忌送菊花、杜鹃花、石竹花和黄颜色的花。对于数字"13"与"星期五"反感至极。人际交往中，爱好娱乐的澳大利亚人有邀请友人一同外出游玩的习惯，拒绝此类邀请被认为是不礼貌的；澳大利亚人忌讳有人向他们（尤其是对女性）眨眼。澳大利亚人看不起在公共场所大声喧哗者，尤其是在门外高声叫喊者，对自谦的客套话也十分反感。

（四）新西兰

新西兰位于太平洋西南部，是个岛屿国家，气候宜人、环境清新、风景优美，旅游胜地遍布、森林资源丰富、地表景观变化多样，人们生活水平也相当高。国歌为《上帝保护新西兰》，国花为银蕨。

1. 礼节礼貌

新西兰的社交礼俗具有鲜明的欧洲特色，尤其是英国特色。见面礼节主要有三种：一是最多采用的握手礼；二是对尊者、长者所行的鞠躬礼；三是路遇他人（包括陌生者）向对方所行的注目礼。新西兰人奉行"平等主义"，在一般社交场合，他们反对讲身份、摆架子，各行各业的人均会对自己的职业引以为荣，在称呼上习惯直呼其名，称呼官衔往往令人侧目。毛利人是新西兰的土著居民，淳朴好客、能歌善舞，保留着传统迎宾习俗。当远方宾客来访时，毛利人致以"碰鼻礼"，也称"洪吉"，他们认为人的灵气在头部，通过接触鼻尖可与别人相通。因此碰鼻次数越多、时间越长，说明礼遇规格越高。

2. 饮食习惯

新西兰人习惯吃英式西餐，口味比较清淡，爱吃牛肉、羊肉、猪肉、鸡、鸭、蛋品、野味、鱼、虾等；蔬菜方面爱吃西红柿、芋头、南瓜、土豆、青菜、辣椒、菜花等；调料方面爱用咖喱、番茄酱、味精、胡椒粉等；比较爱吃运用炒、煎、烤、炸等烹调方式制作的菜肴。新西兰人爱喝浓茶，特别是红茶，有"一日六饮"的习惯，即每天要喝六次茶，分别是早茶、早餐茶、午餐茶、下午茶、晚餐茶和晚茶。每逢循例饮茶时，他们都会按部就班、一丝不苟。新西兰人还喜爱喝酒，不论是威士忌之类的烈性酒，还是啤酒或葡萄酒。新西兰法律规定：在特许售酒的餐馆里，只准出售葡萄酒。在极少数准许销售烈性酒的餐馆里，宾客只能在购买了一份正餐之后，才能买到一杯烈性酒。

3. 节庆习俗

新西兰的主要节日有元旦、国庆节、复活节和圣诞节。元旦这一天，人们会穿上新买的衣服，和亲朋好友促膝长谈、互相祝贺。复活节在每年的 4 月初左右，节日前夕，商店里摆满了制作、包装精美的彩蛋，节日里人们会互送礼物，复活节的礼物是跟春天和再生联系在一起的，比如鸡蛋、小兔子、鲜花，鲜花中百合花送得最多。

4. 主要禁忌

新西兰人讨厌数字"13"与"星期五"，尤其讨厌"黑色星期五"。反对干涉他人的自由。对于交往对象的政治立场、宗教信仰、职务等，他们一律主张不闻不问，特别避免谈及国内种族问题。土著居民毛利人信奉祖先和各种神灵，相信灵魂不灭，因此对拍照、摄像十分忌讳；在新西兰，禁止男女同场活动，即便是看电影也要分场，男士不准观看女士专场，女士也不准观看男士专场。

（五）南非

南非的全称是南非共和国，位于非洲大陆的最南端，有"彩虹之国"之美誉。南非居民可分为黑人、白人、有色人和亚洲人（主要是印度人与华人）四大种族，黄金、钻石产量均居世界首位。国歌为《上帝保佑非洲》，国花是帝王花。

1. 礼节礼貌

南非社交礼仪可以概括为"黑白分明"、"英式为主"。在社交场合，南非人常用的见面礼是握手礼，称呼主要用"先生"、"小姐"或"夫人"。在黑人部族中仍保留着传统风俗，如以鸵鸟毛或孔雀毛赠予贵宾，宾客应将这些珍贵的羽毛插在自己的帽子上或头发上。南非人的着装普遍较为西化，在正式场合，讲究着装端庄、严谨，穿着样式保守、色彩偏深的套装或裙装；日常生活中，大多穿休闲装，并且偏爱色彩艳丽的衣服。黑人部族还保留着穿本民族服装的习惯，不同部族的黑人在着装上往往会有不同的特点。

2. 饮食习惯

南非当地白人一般以西餐为主，经常吃牛肉、鸡肉、鸡蛋和面包，爱喝咖啡与红茶；黑人喜欢吃牛肉、羊肉，一般不吃猪肉、鱼肉，主食是玉米、薯类、豆类，不喜生食，爱吃熟食。南非最著名的饮料是被称为"南非国饮"的"如宝茶"。在南非黑人家中做客，主人一般会送上刚挤出的牛奶或羊奶，有时还会献上以高粱自制而成的、风味独特的啤酒，遇到这种情况，一定要多喝，最好一饮而尽。

3. 节庆习俗

1月1日元旦，南非人会在全国各地共同欢度佳节，举行各种文艺表演来庆祝新年。3月21日是南非的人权日，当天南非人会哀悼当年的开荒者，互相讲述当年的开荒历史。4月27日是南非的自由日，也是南非的国庆日，每个民族都会以自己独特的庆祝方式来纪念。5月31日是南非的共和国日，届时举国欢庆，唱歌、跳舞等。6月16日是青年节，专门为青少年举行适合他们的活动，还会举行成人仪式。

4. 主要禁忌

南非人忌讳数字"13"和"星期五"，尽量避免在与13日同为一天的"星期五"外出。不要提及肤色不同，这在南非是最大的禁忌；忌讳外人对南非黑人的祖先在言行上表现出失敬。在南非交谈要注意以下四点：不要非议黑人的古老习俗；不要评论不同部族或派别之间的关系及矛盾；不要为白人评功摆好；不要为对方生了男孩而表示恭贺。在跟当地人交谈或碰面的时候，不能目不转睛地瞪着对方，因为他们认为被瞪看的人将遭到灾祸或被死神找上。与南非人握手时如果握得有气无力，表示毫无诚心、虚情假意，他们认为用力的程度与对方的好意成正比。在许多黑人部族里，女性的地位比较低，被视为神圣宝地的一些地方，诸如火堆、牲口棚等处，是禁止女性接近的。

（六）埃及

埃及的全称是阿拉伯埃及共和国，位于非洲东北部，地跨亚、非两大洲，是中东地区人口最多的国家，也是非洲人口第二大国，国教为伊斯兰教。埃及历史悠久，境内拥有众多的名胜古迹，如国际知名的金字塔、狮身人面像。

1. 礼节礼貌

埃及人最常用的见面礼是握手礼，最常用的问候是"祝你平安"、"真主保佑你"。在埃及，学生称老师为"爸爸"、"妈妈"，老年人将年轻人称为"儿子"、"女儿"，穆斯林之间互称"兄弟"，虽然二者间并没有血缘关系，只是表示尊敬或亲切。和埃及人打交道应注意三点：一是事先要预约；二是穆斯林家中的女性，尤其是女主人是不待客的；三是就座之后，切勿将足底朝外，更不要朝向对方。埃及人的着装早已与国际潮流同步，然而伊斯兰教徒或年长者的着装观念依旧保守，传统着装主要是长衣、长裤、长裙。

2. 饮食习惯

埃及人的主食为不发酵的面饼，爱吃鸡肉、鸭肉、羊肉、土豆、萝卜、豌豆、茄子、南瓜、西红柿、洋葱等，不喜油腻、口味清淡，爱吃甜香味食品。在饮品上，埃及人喜爱酸奶、茶和咖啡。对于主人所倒的茶水，宾客必须喝完，要是杯中剩下一些茶水，是触犯埃及人禁忌的。

3. 节庆习俗

1月3日是穆罕默德诞辰，又叫圣纪节，人们在这一天会准备很多好吃的东西，互相传颂穆罕默德的伟大事迹。2月28日是埃及的独立日，7月23日是国庆节，10月6日是建军节。10月1日到3日是埃及的斋戒结束欢庆日，各个机构、商店都会休假。

4. 主要禁忌

埃及人忌讳数字"13"，喜欢数字"5"和"7"，认为"5"会带来吉祥，"7"则意味着完美。埃及人忌黑色、蓝色和黄色，认为黑色是不祥的色彩，蓝色是恶魔，黄色是不幸的象征。埃及人最喜欢被称为"吉祥之色"的绿色与"快乐之色"的红色。埃及人不穿绘有星星、猪、狗、猫以及熊猫图案的衣服。埃及人忌喝酒，忌食猪肉、海味、动物内脏和奇形怪状的食物。埃及人吃饭时不与人谈话，喝热汤及饮料时不发出声响，忌讳用左手触摸食具和食品。与埃及人交谈时，不要称道埃及人的物品，他们会认为你想索要；切勿夸奖埃及女性身材窈窕，因为埃及人以体态丰腴为美；不要与埃及人讨论宗教纠纷或中东政局。

礼仪故事

点烟时为什么一个火不能连续点三个人的烟

西方人特别是英国人忌讳用同一个打火机或同一根火柴同时为三个人点烟，往往在为第二个人点完烟后灭了打火机再给第三个人点，或重新点燃一根火柴为第3个人点。

其中的缘由是：第二次世界大战时期，盟军守卫阵地的几个士兵在抽烟时，当一个士兵划亮了一根火柴给第一个战友点烟时，德军端起了枪；给第二个战友点烟的时候，德军进行了瞄准；给第三个战友点烟时，德军开枪击中了第三个战友。因此一个火不能连续点三次烟便成为礼仪禁忌而保存下来。

▶ **能力训练与思考**

1. 准备长型会议桌 5 张、椅子若干及会议用品（茶杯、名签、瓶装矿泉水、便签、笔、小毛巾等），10 名学生为一组，模拟会谈会议的组织与服务。由每组学生自行设计会议情景，进行适当的会场布置、座次安排、会议摆台练习。

2. 你所在的旅游企业要承接一次泰国佛教团体来华的研讨交流活动，具体如下：日程 6 天 5 晚；团队 20 人左右，其中佛教高僧 5 人；行程涉及与中国佛教协会的会见、签订加强两地佛教友好往来的协议、参观著名寺院、禅修交流等。请你作为此次行程的策划人，制作一份接待计划，内容包括：安排住宿餐饮，策划会见、签字仪式活动，联系寺院参观，需要注意的宗教习俗及禁忌礼仪等。要求：语言精练，活动安排合理，形式新颖，符合礼仪规范。

3. 请分析以下案例中旅游接待人员忽略了什么，并指出了解各个不同旅游客源国的风俗习惯对服务工作有哪些益处。

> 国内某家专门接待外国游客的旅行社，为接待一个重要的来华意大利旅游团，决定赠送每位游客一份小礼品作为纪念。于是该旅行社订制了一批丝绸手帕，每个手帕上绣着不同的花草图案，十分美观大方。手帕装在特制的纸盒内，盒上印有旅行社社徽，非常精致。意大利旅游团抵达当日，旅游接待人员带着盒装的丝绸手帕到机场迎接来自意大利的游客，致以热情、得体的欢迎词，并在旅游车上将两盒包装精美的手帕作为礼品赠送给每位游客。中国丝织品闻名于世，想必会受到宾客的喜欢。却没想到礼品一发，却引来车上一片哗然，游客议论纷纷，显露出很不高兴的样子。特别是一位夫人，她大声叫喊，表现得极为气愤，还有些伤感。旅游接待人员不知所措：为什么好心好意送人家礼物，不但得不到感谢，还出现这般景象？

参考文献

1. 彭蝶飞，李蓉．酒店服务礼仪．上海：上海交通大学出版社，2011．

2. 吕欣．旅游接待礼仪．北京：旅游教育出版社，2011．

3. 雷晶．旅游礼仪．武汉：武汉理工大学出版社，2010．

4. 陈刚平，周晓梅．旅游社交礼仪．3版．北京：旅游教育出版社，2012．

5. 苗爱群．旅游实用礼仪．安徽：安徽大学出版社，2009．

6. 邸卫民．旅游服务礼仪．北京：化学工业出版社，2007．

7. 李俊，赵雪琴．旅游服务礼仪．2版．武汉：武汉大学出版社，2012．

8. 路银芝，王中雨．旅游礼仪．北京：北京师范大学出版社，2010．

9. 陈瑜．旅游服务礼仪．北京：中国物资出版社，2011．

10. 王晞，牟红．旅游实用礼宾礼仪．重庆：重庆大学出版社，2002．

11. 张秋垫．酒店服务礼仪．浙江：浙江大学出版社，2009．

12. 张岩松，车秀英．现代旅游礼仪．北京：清华大学出版社，2013．

13. 谢彦波，冯玥．旅游服务礼仪．哈尔滨：哈尔滨工程大学出版社，2012．

14. 金正昆．服务礼仪．北京：北京大学出版社，2005．

15. 金正昆．社交礼仪教程．北京：中国人民大学出版社，2005．

16. 何立萍．旅游业礼仪．杭州：杭州出版社，2008．

17. 林莉．会展服务礼仪．北京：清华大学出版社，2011．

18. 薛建红．旅游服务礼仪．郑州：郑州大学出版社，2006．

19. 李霞．商务礼仪实务．北京：清华大学出版社，2009．

20. 李莉．实用礼仪教程．北京：中国人民大学出版社，2006．

21. 黄海燕．旅游服务礼仪．天津：南开大学出版社，2006．

22. 陈瑜．现代饭店礼仪．北京：中国物资出版社，2009．

图书在版编目（CIP）数据

酒店服务礼仪/雷明化，陆宇荣主编．—北京：中国人民大学出版社，2015.7
21世纪高职高专规划教材．酒店管理系列
ISBN 978-7-300-21382-8

Ⅰ.①酒…　Ⅱ.①雷…　②陆…　Ⅲ.①饭店－商业服务－礼仪－高等职业教育－教材　Ⅳ.①F719.2

中国版本图书馆 CIP 数据核字（2015）第 113940 号

21世纪高职高专规划教材·酒店管理系列
总主编　沈建龙

酒店服务礼仪
主　编　雷明化　陆宇荣
副主编　金琳琳　叶秀霜
Jiudian Fuwu Liyi

出版发行	中国人民大学出版社			
社　址	北京中关村大街 31 号		**邮政编码**	100080
电　话	010－62511242（总编室）		010－62511770（质管部）	
	010－82501766（邮购部）		010－62514148（门市部）	
	010－62515195（发行公司）		010－62515275（盗版举报）	
网　址	http://www.crup.com.cn			
	http://www.ttrnet.com（人大教研网）			
经　销	新华书店			
印　刷	北京密兴印刷有限公司			
规　格	185 mm×260 mm　16 开本		**版　次**	2015 年 8 月第 1 版
印　张	12.75 插页 1		**印　次**	2015 年 8 月第 1 次印刷
字　数	224 000		**定　价**	25.00 元

信息反馈表

尊敬的老师，您好！

为了更好地为您的教学、科研服务，我们希望通过这张反馈表来获取您更多的建议和意见，以进一步完善我们的工作。

请您填好下表后以电子邮件、信件或传真的形式反馈给我们，十分感谢！

一、 您使用的我社教材情况

您使用的我社教材名称			
您所讲授的课程		学生人数	
您希望获得哪些相关教学资源			
您对本书有哪些建议			

二、 您目前使用的教材及计划编写的教材

	书名	作者	出版社
您目前使用的教材			
	书名	预计交稿时间	本校开课学生数量
您计划编写的教材			

三、 请留下您的联系方式，以便我们为您赠送样书（限1本）

您的通信地址			
您的姓名		联系电话	
电子邮箱（必填）			

我们的联系方式：

地　址：苏州工业园区仁爱路158号中国人民大学苏州校区修远楼

电　话：0512-68839319　　　　　传　真：0512-68839316

E-mail：huadong@crup.com.cn　　邮　编：215123

微信号：cruphd　　　　　　　　QQ（华东分社教研服务群）：34573529

网　址：http://www.crup.com.cn/hdfs